라보레무스

라보레무스

장길섭
지음

자 일을 계속하자 *Laboremus*

나마스테

차례

원하는 일을 하며
원하는 삶을 살길 꿈꾸는 이들에게

라보레무스Laboremus!

'자 일을 계속하자!'라는 의미의 라틴어라고 합니다. 그러고 보니 제가 라틴어를 모르긴 하지만, 'Laboremus' 단어 안에 'Labor'가 보이는군요.

네 맞습니다. 노동, 일이란 뜻의 그 'labor'네요.

원래 이 말은 로마 황제 셉티미우스 세베루스의 말로 유명해졌답니다. 세베루스 황제는 《명상록》으로 잘 알려진 마르쿠스 아우렐리우스가 사망한 후 일어난 내전과 혼란을 정리하고 황제에 오른 인물로 유명하지요. 이 세베루스 황제는 날마다 병사들에게 그날의 모토를 제시하는 일을 일과로 삼았답니다.

"라보레무스!"

이 말은 서기 211년, 당시 65세이던 황제가 원정길에서 병으로 쓰러져 죽음을 맞이한 바로 그날, 마지막으로 외친 말이었다고 합니다.

좀 더 찾아보니, '라보레무스!'는 《역사의 연구》로 유명한 세계적인 역사학자 아놀드 조셉 토인비가 80세가 넘어서도 매일 아침 되뇐 말이라고 합니다. 《파브르 곤충기》의 장 앙리 파브르도 80이 넘은 노년에도 이 말을 모토로 삼아 저술 작업을 계속했다고 합니다. 참 대단한 분들이지요? (웃음)

자 같이 외쳐볼까요?

라보레무스!

좀 힘이 나시나요? 막상 "자 일을 계속하자!"고 외치고 나니 힘도 나지만, 어쩐지 좀 쓸쓸한 마음도 올라옵니다. 언제부턴가 우리 사회에서 회자되는 일과 관련한 말 중, 힘이 나고 긍정적인 단어보다는 힘들고 아픈 말들이 더 많이 거론되기 때문입니다. 비정규직, 불법 해고, 청년실업 이런 말들 말입니다.

IMF를 거치고 금융 위기를 겪으면서 우리 사회가 더 양극화의 길로 오게 되면서이지요. 일하고 싶어도 일자리는 부족하고, 하루라도 일하지 않으면 살 수 없는 많은 사람의 슬픔과 번민이 마음을 아프게 합니다.

요즘 우리에게 일이란, 더 이상 남이 만들어 준 터에서 안정되게 열심히만 하면 되는 게 아니게 되었지요.

맞습니다. 이건 구조의 문제가 맞습니다.

누구와 경쟁해서 누구는 자리를 차지하고 나름대로 성과를 거두겠지만, 모두가 그럴 수는 없는 것이 현실입니다. 한 개인이 모든 문제를 다 해결할 수는 없는 노릇이고요.

하지만 구조에 한계가 있다고 해서 우리가 할 수 있는 일은 없을까요? 나의 선택과 결단은 소용없는 걸까요? 이런 이야기를 좀 해 보고 싶습니다.

15년 전의 일입니다. 어느 날 제 안에서 물음 하나가 올라옵니다. '사람들은 왜 차도 뜸하고 볼 것도 없는 이 작은 시골마을까지 찾아와 나를 만나려는 것일까? 적지 않은 시간과 비용을 들여가면서 그들이 찾고 구하려는 것은 과연 무엇일까?' 곰곰이 생각해 보니, 수련을 하겠다며 저를 찾아온 분들의 공통된 고민은 바로 '일'이더군요. 어떤 사람은 일이 없어서 사는 것을 힘들어하고, 또 어떤 사람은 일이 뜻대로 안 풀려서 고통스러워합니다. 뿐만 아니라 일이 너무 힘에 부쳐서, 혹은 일이 적성에 안 맞아서 회사에 출근하는 게 죽기보다 더 싫다는 사람도 있습니다. 그러고 보면 그때나 지금이나 사람들의 고민은 참 비슷하지요?

이처럼 일이라는 덫에 빠져 괴로워하는 사람들에게 어떻게 하면 수련을 보다 효과적으로 안내할까 생각하던 중, 저는 어느 날 성경을 읽다가 명쾌한 해답을 발견했습니다. 〈누가복음서〉에 나오는 한 대목이에요. 예수가 여리고 성으로 가는 길목에서 시각장애를 가진 자를 만납니다. 그 장애인이 소리를 질러 예수를 부르자, 예수가 제자에게 그를 데려오라 하여 이렇게 묻습니다.

"내가 네게 무엇을 해주기를 바라느냐?"

아직 날이 밝지 않은 깜깜한 새벽이었습니다만, 저는 예수의 그 한마디에 불현듯 세상이 환해지는 것을 느꼈습니다. 마치 베일이 걷히면서 빛이 쏟아지는 것 같았다고 할까요. '내가 네게 무엇을 해주기를 바라느냐?'고 묻는 예수 앞에서, 저는 비로소 깨달은 것입니다. 예수는 우리에게 네가 원하는 것, 네가 하고 싶은 것을 하라고 말씀하고 있음을. 그것이 바로 하나님의 뜻임을 말입니다.

그렇습니다. 하나님의 뜻은 무無예요. 없습니다. 다만 그분이 바라는 게 있다면, 이 지구 행성에 사는 이들이 각자의 참된 욕망인 디자이어Desire를 발견하여 '일'을 하며 그것을 실현하는 것뿐입니다. 그런데 사람들은 하나님의 뜻대로 살게 해달라고 기도하면서, 정작 자기가 하고 싶은 일이 무엇인지, 어떤 일을 잘할 수 있는지는 모릅니다. 그로 인해 자기의 삶이 고통스럽다고 하고 일하는 것이 죽을 만큼 싫다고 하면서도 마지못해 일하며 살고 있습니다.

지금은 가슴과 머리가 고픈 시대

우리가 사는 현대사회는 철저하게 일을 중심으로 돌아가고 있습니다. 제가 디자이어와 일에 관하여 영감을 얻은 15년 전보다도 지금은 더욱 일이 중요해졌지요. 많은 이가 하루의 대부분을 직장에서 보냅니다. 중요한 인간관계 또한 일을 중심으로 이루어집니다. 더욱이 직장에 있지 않을 때조차도 일에 대해 생각하고 점검하고 계획하는 시간이 많아졌습니다.

그러나 무엇보다 가장 큰 차이는, 과거엔 배고픔을 면하기 위해, 즉 돈을 벌어 먹고살기 위해 일을 했지만 지금은 그렇지 않다는 것입니다. 겨우 굶지 않을 정도로 살기 위해서라면, 사람들이 그렇게 많은 시간과 노력과 열정을 일에 투자할 이유가 없습니다. 또한 생계를 유지하는 것이 삶에 꼭 필요한 요소이기는 하지만, 단지 그것만을 위해서라면 모두가 그처럼 열심히 일에 뛰어들지도 않을 것입니다.

그렇다면 다수의 현대인이 일을 중시하고 그에 몰두하는 이유는 무엇일까요? 제가 볼 때는 머리와 가슴이 고프기 때문이에요. 배가 고픈 시절은 이미 지나간 지 오래고, 이제는 가슴과 머리가 고픈 시대가 되었다는 거지요. 그래서 사람들이 일을 통해 단지 의식주를 해결하는 것 말고도, 그보다 한 차원 높은 의미와 가치를 실현하기를 원하게 되었다는 말입니다.

이탈리아 신학자 토마스 아퀴나스는 자신이 쓴 책 《신학대전》의

서문에서 "자신과 타인에게 봉사하기 위해서는 재능 활동이 필요하다."고 밝혔습니다. 또한 "일하는 기쁨이 없다면 즐거운 인생을 살 수 없다."고 말했지요. 이를 풀어서 해석하면, 사람은 자신의 재능을 발휘해서 일할 때 자기 자신에게는 기쁨이 되고 타인에게는 도움이 된다는 겁니다. 저는 이것이 일의 고차원적인 의미와 가치를 가장 적절하게 설명하고 있지 않나 생각합니다.

사람은 누구든 자기가 가장 잘할 수 있는 것, 즉 자기의 소질과 재능을 발휘해서 뭔가를 할 때 가장 신나고 기뻐요. 또 그로 인한 이익을 나만 독점하는 게 아니라 남과 나누고 공유할 때 극도의 행복감을 느낍니다. 물론 당장 내 배가 고프면 재능과 소질을 따질 시간이 없지요. 내 생존이 우선이기 때문에 남을 고려하고 배려할 마음의 여유도 없습니다. 그런데 이미 그런 시기는 지나가고 가슴과 머리가 고픈 시대가 왔잖아요. 그러니 지금이야말로 일의 진정한 가치와 의의를 실현하기에 가장 적당한 때라고 할 수 있는 것입니다.

하지만 시대가 변하고 상황이 변했어도 의식이 여전히 먹고사는 문제에 매여 있는 사람이 적지 않습니다. 이런 사람은 자기의 생계를 유지하기 위해, 조금 더 나아가서는 가족을 부양하기 위해 일을 합니다. 그래서 일보다는 돈을 좇지요. 내가 원하는 것, 내가 잘할 수 있는 것보다는 연봉을 보고 직장을 선택합니다. 또 돈 몇 푼에 여기저기 뜨내기처럼 옮겨 다녀요. 말하자면 목적이 일이고 내가 그것을 열심히 추구하는 과정에서 돈이 주어지는 게 아니라, 거꾸로 돈이 목적이 되고 일은 다만 그 수단으로 전락하는 겁니다.

이렇게 되면 일이 지루하고 재미가 없어집니다. 돈을 벌어야 하니까 회사에서 욕먹지 않을 정도로는 일을 하겠죠. 이 일이 목적이 아닌 수단이 되어 버렸기에, 더 이상 일에 대한 열정은 없습니다. 그렇다고 돈을 잘 버느냐 하면 그것도 아닙니다. 자기의 일을 정말로 사랑하지 않는 사람은 큰 성공을 거두기가 어렵습니다. 돈은 결코 돈 자체를 좇는 사람에게 흘러가지 않아요. 그래서 돈을 목표로 일하는 사람들의 대다수가, 실제로는 먹고사는 수준을 벗어나지 못하는 것입니다.

반면 어떤 사람들은 그저 일을 하고 싶어서, 내 가슴을 뛰게 만드는 그 일이 좋아서 일을 합니다. 돈이 되면 좋지만 안 되어도 괜찮아요. 일 자체가 목적이므로 일단은 무조건 해 보는 겁니다. 그런데 결과적으로는 이런 사람이 돈도 더 잘 벌고 잘 살게 되어 있어요. 진정 좋아하는 일을 할 때 창조적 지성과 열정이 가장 왕성하고 뜨겁게 솟아나기 때문이지요. 이런 사람은 누구도 이길 수가 없습니다.

돈 때문에, 생계 때문에 일하는 사람이 머슴이라면, 일 자체가 좋아서 일하는 사람은 주인입니다. 또한 머슴이 당장 눈에 보이는 직職에 연연하는 직의 사람이라면, 주인은 평생의 업業에 헌신하는 업의 사람입니다. 머슴의 삶은 목적과 수단이 전도되어 있기에 늘 무언가 어긋나고 문제가 생깁니다. 그래서 불안하고 짜증이 나고 속에 원망과 분노가 가득하지요. 또 일을 해서 돈을 좀 벌어도 괜히 허전해요.

목적이 될 수 없는 것을 목적으로 추구하니, 설혹 그것을 달성해도 충만한 기쁨을 느끼지 못하는 겁니다. 반면 주인의 삶은 목적과 수단이 제대로 정립되어 조화를 이루고 있기에 무엇을 하든 자연스럽습니다. 물론 어느 시기에는 경제적인 면에서 어려움을 겪을 수도 있어요. 하지만 그마저도 일에 대한 열정과 확신으로 극복해 냅니다. 오히려 시련을 주춧돌 삼아 자기의 능력과 의식을 한 단계 높이는 좋은 기회로 삼지요. 그렇다면 여러분은 머슴의 삶과 주인의 삶 중 무엇을 선택하겠습니까?

내 의식과 삶을 책임질 이는 오직 나뿐

머슴으로 살 것인가 주인으로 살 것인가는 전적으로 개인의 의식 수준에 달려 있습니다. 내가 머슴의 의식을 지니고 있으면 머슴으로 살게 되고, 주인의 의식을 지니고 있으면 주인으로 살게 된다는 말입니다. 삶의 질은 이처럼 내 의식의 차원과 수준에 따라 갈립니다. 따라서 내가 주인으로 살고 싶다면 내 의식을 주인의 의식으로 끌어올려야 하고, 내가 행복하게 살고 싶다면 먼저 행복한 삶을 가능하게 하는 의식을 가져야 합니다. 즉 의식의 성장 없이는 내가 원하고 바라는 것들을 이룰 수 없다는 말입니다.

그러면 의식의 성장을 어떻게 이룰 수 있을까요? 다른 길은 없습니다. 나의 현 위치를 파악하고 목표를 설정한 다음 그 목표를 향해 나를 변화시키는 연습을 하는 것, 오직 그것뿐입니다. 예를 들어 현재의 내가 아침에 꾸물대고 게으름을 피움으로써 하루가 늘 불행하게 시작된다면 먼저 그 습관부터 바꾸어야 합니다. 시계 알람을 맞춰놓고 그 시간이 되면 무조건 '하하하' 크게 웃으면서 벌떡 일어나는 겁니다. 또 밤늦게까지 술 마시느라 가족들과 이야기할 시간이 없고 책 한 줄 볼 여유도 없다면, 집에 일찍 퇴근하여 가족과 어울리고 독서하는 시간을 갖도록 노력해야 합니다. 내 입에서 나오는 단어들이 회사에 대한 불평과 세상에 대한 원망, 심지어 자기의 운명을 탓하고 저주하는 것들로 가득하다면 어떻게 해야 할까요? 사용하는 용어와 인식의 코드를 '감사'로 바꾸어야지요. 내 코로 숨 쉴 수 있음에, 내 두 다리로 걸어 다닐 수 있음에, 또 매일 일하러 갈 직장이 있음에 감사하며 "고맙습니다."를 주문처럼 외워야 하는 겁니다.

변화를 원한다면 이처럼 내가 사는 시간과 장소와 사람을 바꾸어야 해요. 매일 술집과 게임방과 골프장만 드나들면서 변화를 기대해서는 안 되지요. 그런 사람은 도서관이나 문화센터, 교회나 절을 다녀야 인식에 전환이 일어납니다. 또 과거에 새벽 1시에 자서 아침 8시에 일어났다면, 이제부터는 수면과 기상을 두 시간씩 당겨서 아침에 명상하고 운동하고 식사도 제대로 챙겨먹어야 해요. 일주일에 두세 번 만나던 술친구들과의 관계를 정리하고, 대신 같이 모여 책을 읽고 수련을 함께하는 도반들과 좋은 관계를 맺으며 자주 만나야 비로소 삶에 변화가 일어난다는 얘기입니다.

물론 이런 변화가 두렵기도 할 거예요. 사람은 누구나 그렇습니다. 안 해 본 것을 하고 안 가본 데를 가는 것에 거부감과 공포를 느낍니다. 하지만 그렇게 평생을 살면 내 의식이 성장을 못해요. 오히려 퇴행을 하지요. 나이가 들수록 더 우울해지고 불만만 많아지고 꿈도 열정도 없이 무기력하게 살아가게 됩니다. 그러니 여러분은 스스로에게 늘 변화의 충격을 주어야 해요. 그 충격으로 내가 기존에 갖고 있던 잘못된 생각과 신념이 깨지는 것을 지켜봐야 합니다. 그것이 당장은 고통이고 시련일 수 있겠지만, 그런 경험을 통해서만 의식이 성장하고 진화할 수 있어요. 그리고 의식의 성장과 더불어 내 삶, 내 운명도 마침내 변화하게 되는 것입니다.

하나를 잡고 전심전력을 다하라

이처럼 의식과 일, 일과 삶의 변화는 늘 함께 갑니다. 의식 수준이 높으면 주인이 되어 가슴 뛰는 행복한 삶을 누릴 수 있는 동시에, 거꾸로 주인이 되어 행복하게 살기 위해 노력하면 그 과정에서 자신의 의식을 최고로 끌어올릴 수 있다는 말입니다. 그런 점에서 자기의 디자이너, 즉 소질과 재능을 발현할 수 있는 일을 찾아 하는 것은 의식과 일과 삶의 변화를 가장 빨리, 그리고 통합적으로 누릴 수 있는 지름길이라 하겠습니다. 자기가 간절히 원하고 잘할 수 있는 일을 하는 것보다 더 큰 보람과 만족을 느끼면서 성장하는 길은 없기 때문입니다.

그렇다면 참나의 욕망인 디자이어는 어떻게 찾을 수 있을까요? 가장 쉬운 방법은 지금 무언가 하나를 정해 그에 최선을 다하는 것입니다. 여러분이 지금 직장을 다니고 있고 당장 그만둘 게 아니라면, 그 일을 하나로 정해 최소 2, 3년은 남보다 두세 배로 열심히 뛰어 보세요. 일과 관련해 더 많은 책을 보고, 더 많은 사람을 만나 경청하고, 더 많은 아이디어를 고안하여 실행해 보는 겁니다. 만약 직장일이 아니라 단순히 취미로 즐기는 어떤 것이 내 가슴을 뛰게 하고 신바람 나게 한다면, 그것을 하나로 정해 매진해 봐도 좋겠습니다.

혹시 현재 내가 실직자에 변변히 즐기는 취미가 없다 해도 낙담하고 좌절할 필요는 없습니다. 그런 사람은 그저 일상생활에 충실하면 됩니다. 돈 버는 일을 안 한다고 해서, 특별히 즐기는 취미가 없다고 해서 마냥 게으르게 퍼져 있으면 안 돼요. 오히려 그럴수록 하루를 계획적으로 살아야 합니다. 일찍 일어나 명상과 운동을 하고, 낮에는 독서와 산책을 즐기세요. 또 어딜 가든 늘 옷차림을 단정히 하고 주변을 청결히 유지하는 겁니다. 이렇게 자기가 하는 일 하나하나에 전심전력을 다하면 길이 열리게 되어 있습니다. 그런 사람은 우주가 나서서 도와줘요. 그 사람이 무엇을 통해 스스로는 기쁨을 얻고 남에게는 도움을 줄 수 있는지를 알려 준다는 말입니다.

문제는 어느 하나에도 최선을 다하지 못하면서 불평불만만 늘어놓는 것이지요. 현재 자신이 발 딛고 서 있는 자리에서 아무것도 배우려 하지 않고, 조금 아는 것마저 제대로 실천하지 않는 태도가 문제라는 겁니다. 이런 사람은 제아무리 어떤 일에 소질과 재능이 있어도 그것을 찾아서 발현할 수가 없어요. 설사 찾는다 한들 금세 한계에 부딪혀 그 이상 클 수가 없습니다. 한마디로 성장이 멈추고 맙니다.

모든 것은 '무가탈'로 향한다

내가 어느 하나에 최선을 다한다는 것은, 구체적으로 말하면 그 하나를 위해 내 머리와 가슴과 배를 다 쓰는 것을 의미합니다. 머리는 지식의 창고이고, 가슴은 사랑의 근원이며, 또 배는 힘의 원천이지요. 즉 머리와 가슴과 배를 통해 내가 지닌 지력과 심력과 체력을 다 쓸 때만이 진정 최선을 다했다고 할 수 있는 겁니다.

이를 바꿔 말하면, 내가 가진 지력과 심력과 체력이 크고 강할수록 내가 최선을 다했을 때 성취할 수 있는 몫과 영향력도 크고 강해진다고 할 수 있겠지요. 그렇습니다. 일을 잘한다는 것, 디자이어를 발견하여 실현한다는 것, 삶을 아름답고 풍요롭게 만든다는 것은 모두 이 세 가지 요소에 달려 있습니다. 지력과 심력과 체력이 고루 발전하고 원대해져야, 마침내 원하는 일을 하면서 원하는 삶을 살 수 있는 것입니다.

그 이유는 지력이 강해야 비로소 가난에서 벗어나고, 심력이 단단해야 무지에서 벗어나고, 체력이 튼튼해야 허약에서 탈출할 수 있기 때문입니다. 이것이 '무가(허)탈'이지요. 이 무가탈을 이루지 않고는 가난과 무지와 허약의 덫에 걸려서 평생 살 수 밖에 없습니다. 또한 그 어느 하나에만 발목을 잡혀도 내 디자이어와 일과 삶이 제대로 확장하며 뻗어 나갈 수 없습니다. 그래서 지력, 심력, 체력 세 가지가 전부 중요한 겁니다.

제가 이번 강의 주제를 '일'로 선택한 이유도, 일을 통해 무가탈을 이루는 핵심 원리와 기술을 전수하고 지력과 심력과 체력을 키우는 구체적인 방법들을 알려주기 위해서입니다. 그것을 배우고 익힘으로써 더 많은 이들이 자기의 디자이어를 활짝 꽃피우며 주인으로 사는 것을 보고 싶어서입니다. 또한 그로 인해 언젠가 이 지구 전체가 무가탈을 이룰 날이 오기를 간절히 꿈꾸고 있기 때문입니다.

살림마을에서는 여러 해 전부터 '삶의 향연 프로그램'이라는 이름 아래 일 년에 한 차례씩 나름의 주제를 정하고 강의를 진행해 왔습니다. 지난 2012년 9월과 10월에는 헬렌 S. 정의《나는 왜 일하는가》(인라잇먼트, 2012)라는 책을 중심에 두고, 여덟 차례의 강연을 열었습니다. 당시 저는 그 책을 읽고 실로 귀중한 가르침을 얻었습니다. 그리하여 많은 분들이 그 책을 통해, 일에 관한 새로우면서도 유익한 관점을 얻기를 바랐습니다. 당시 강연 내용을 중심으로 정리한 이 책에는《나는 왜 일하는가》에 나온 내용이 군데군데 인용되어 있습니다.

혹시라도 전체 내용이 궁금한 분은 그 책을 참조해 보시기 바랍니다. 아울러 그처럼 좋은 내용을 담아 책으로 내 준 저자에게 다시금 감사 드립니다.

　무가탈을 이루려는 저의 간절한 꿈을 깊이 이해하고 강의에 함께 해 준 모두에게도 사랑과 고마움을 전합니다. 지식이 고프고 깨달음이 고픈 여러분의 머리와 가슴이 부디 이 강의로 인해 풍성히 채워지고 아름답게 물들기를. 그렇게 된다면 저 또한 생애 가장 행복한 순간을 맞이할 것입니다.

2014년 7월

朝陽 장길섭

1장

일이란 무엇인가

/ 일은 길이고 진리고 생명이다 /

당신은 뭐하는 사람입니까?

혼기가 꽉 찬 남자와 여자가 있습니다. 누군가 그 둘을 연결해 주려고 넌지시 속을 떠봅니다. 그러면 남녀를 불문하고 가장 먼저 궁금해하는 것이 바로 상대의 직업이에요. "무슨 일을 하는 사람이냐"는 거지요. 우스갯소리로 요즘은 여자들이 남자가 대머리여도 직업만 좋으면 소개를 받고 데이트를 한다고들 합니다. 남자들도 다르지 않대요. 얼굴과 몸매보다 여자의 직업을 더 따진답니다. 이는 그만큼 우리 사회에서 일과 직업이 중요해졌음을 의미합니다.

불과 백 년 전, 아니 50~60년 전만 해도 우리나라는 농경사회였습니다. 대부분 농사를 짓고 사니 직업이 뭐냐고 물을 필요가 없었어요. 대신 성姓을 먼저 물었지요. 또 어느 집안의 사람인지를 궁금해했습니다. 그러다 산업사회가 되면서 점차 일이 분업화되고 직업이 다양해짐에 따라, 일이 삶의 중심이 되고 핵심이 되기 시작했지요. 그러면서 뭐하는 사람인지가 중요해진 겁니다.

심지어 현대사회에서는 그가 하는 일을 기준으로 사람 자체를 평가하기에 이르렀습니다. 이런 풍조에 따른 부작용도 물론 있습니다만, 그렇다고 이게 영 근거가 없는 건 아닙니다. 무슨 일을 하느냐에 따라 그의 옷차림이, 걸음걸이가, 그리고 무엇보다도 삶의 질과 수준이 달라지니까요. 이를 부인할 수 있는 사람은 아마 거의 없을 겁니다. 요즘은 어린아이들도 공부를 왜 하느냐고 물어보면 좋은 직업을 갖기 위해서라고 대답해요. 그들도 본능적으로 아는 거예요. 자기가 어떤 일을 하느냐에 따라 어떤 사람인지가 결정된다는 것을 말입니다. 또한 직주인이든 주부든 이미 은퇴를 한 노인이든, 더 이상 학생이 아닌데도 끊임없이 뭔가를 배우고 공부하는 사람들이 참 많습니다. 그 이유 역시 자기에게 맞는 일을 찾아서 죽을 때까지 하기 위해서지요.

여기서 일이라는 게 단순히 돈 버는 수단을 의미하지는 않습니다. 물론 돈을 많이 벌면 좋기야 하겠지만 그게 전부는 아니라는 말입니다. 사람은 근본적으로 돈보다도 남에게 존경을 받고 주변에 더 많은 영향력을 미치길 원해요. 그런데 그것을 가장 잘 실현할 수 있는 길이 바로 '일'에 있기에, 그처럼 많은 사람들이 일을 원하고 찾고 구하는 것입니다.

하고 싶은 일을 하다가 죽어라!

일이 현대인의 삶에 얼마나 큰 위치를 차지하고 있고, 큰 의미가 부여되어 있는지를 보여 주는 통계자료가 한 가지 있습니다. 어느 기관에서 우리보다 앞서 산 사람들이 죽어가면서 어떤 내용의 유언을 가장 많이 남기는지를 조사했어요. 유언이란 이미 삶을 경험한 분들이 당신의 후손에게 남기는 말이지요. 한마디로 인생 선배가 후배에게 전하는 삶의 지혜와 기술인 셈입니다. 그 조사에서 1위를 차지한 것이 '형제자매 간에 우애 있게 지내라'는 거예요. 살아 보니 가족애와 형제애보다 삶에서 더 중요한 건 없음을, 죽음에 가까이 다가간 사람들은 아는 겁니다.

그러면 가장 많은 이들이 남기는 유언 2위는 뭘까요? 놀랍게도 '하고 싶은 일을 하라'입니다. 돈을 많이 벌라거나 꼭 성공해야 한다가 아니라, 그저 네가 하고 싶은 일, 원하는 일을 하면서 살라는 것입니다. 동서양을 통틀어 수많은 사람이 죽어가는 순간에 이런 말을 남기는 이유는 분명합니다. 그것이 삶의 행복을 결정하는 요소이기 때문이에요. 그러니 여러분도 행복하게 살려면 어떻게 해야 할까요? 가족 간에 사랑하고 자기가 진짜 원하는 일을 하며 살면 됩니다.

일과 사랑. 이 두 가지가 사실은 우리 삶의 전부라 해도 과언이 아니에요. 그 둘을 빼면 삶에 남는 게 없습니다. 왜 그런지는 우리가 하루를 어떤 식으로 살아가는지만 봐도 알 수 있습니다. 삶이란 짧든 길든 하루에 다 담겨 있어요. 그래서 어떤 사람의 삶을 알려면 그의 하루를 보면 된다는 말이 나오는 것입니다. 따지고 보면 한 달은 하루가 서른 번 쌓인 것이고, 일 년은 그 한 달이 열두 번 모인 것이니까요. 그러니 내가 40년을 살든 70년을 살든 120년을 살든, 그 삶은 결국 '하루'로 집약되는 것 아니겠습니까?

낮에는 일하고, 밤에는 사랑하고

그러면 지금부터 하루가 어떻게 구성되어 있는지를 살펴보도록 하지요. 먼저 시간을 기준으로 하면 하루는 낮과 밤으로 이루어집니다. 낮에는 뭐합니까? 일을 해요. 그리고 밤에는 사랑을 합니다. 일은 직장에서 하고 사랑은 가정에서 하므로, 하루

일과 사랑.
이 두 가지가 사실은
우리 삶의 전부라 해도 과언이 아니에요.
그 둘을 빼면 삶에 남는 게 없습니다.

를 이루는 공간적인 요소는 직장과 가정이 됩니다. 대부분의 사람은 이 두 곳을 오가며 출근과 퇴근을 해요. 그리고 그 속에서 사람들을 만납니다. 가정에서는 가족과 친지를, 직장에서는 일과 관련한 다양한 사람들을 만나지요. 다시 말하면 삶을 구성하는 세 요소인 시간, 공간, 인간이 하루 속에 다 들어 있다는 것입니다.

그러하기에 낮과 밤, 직장과 가정에서의 생활이 조화로운 사람은 문제가 없습니다. 하루의 패턴이 정확하고 균형이 잘 잡혀 있다는 말이에요. 반면 가정만 있고 일터는 없다든지, 거꾸로 일터는 있는데 가정은 없는 사람의 하루는 뭔가 어긋나 있어요. 한마디로 건강하지 못한 것입니다.

하루를 낮으로만 사는 사람은 어떻겠습니까? 밤에 필요한 성性 에너지를 쓰지 못해요. 그래서 성 에너지의 긍정적인 발현인 사랑을 하지 못하고 가족에게 소홀할 수밖에 없습니다. 또한 화 에너지만을 집중적으로 쓰기에, 그것이 플러스(+) 방향인

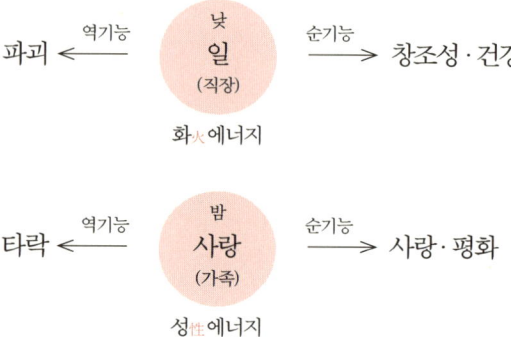

창조성으로 발현되지 못하고 마이너스(-) 방향인 파괴로 나타날 수 있습니다.

이와는 반대로 하루를 밤으로만 사는 사람은 일터에서 창조적 지성을 발휘할 수 있는 기회 자체를 갖지 못해요. 또 성 에너지만 집중적으로 쓰다 보면 플러스 방향인 사랑보다는 마이너스 방향인 타락으로 가기 쉽습니다. 결국 낮과 밤 어느 한쪽만 갖고 사는 사람의 삶은 건강할 수 없는 겁니다.

오직 이 두 요소가 균형과 조화를 이룰 때, 즉 낮에 일터에서 열심히 일하고 밤에 가정에서 마음을 다해 사랑을 나눌 때에만 우리의 하루가 건강해집니다. 이때 우리 안의 신神이 튀어나와서 신나고, 기氣가 뿜어져 나와서 기쁘지요. 더군다나 하루를 신나고 기쁘고 건강하게 사는 사람만 평생을 그렇게 살 수 있습니다.

일이야말로 신이 내려 준 축복

삶에서 일이 이처럼 중요한데, 왜 많은 사람들은 일을 고통으로 여기고 지긋지긋해 하며 그로부터 도망치려는 것일까요? 성경의 첫 장인 〈창세기〉를 보면 아담과 하와가 선악과 따 먹고 벌받는 장면이 나옵니다. 그때 아담에게 주어지는 형벌이 바로 일이고 노동이에요. 얼굴에 땀이 흘러야 먹고살 수 있을 거라 기록돼 있지요. 제가 볼 때 인간이 일을 고통으로 여기게 된 기원은 성경의 이 구절 때문이 아닌가 싶습니다. 실제로 고대에 인간이 사용하던 언어에는 이와 같은 흔적이 남아 있어요. 이를테면 노동을 뜻하는 그리스어 포노스ponos와 라틴어 라보르labor의 의미는 슬픔, 비탄, 고통 등이었다고 해요.

그러면 일이 정말로 고통일까요? 성경을 문자 그대로 보면 고통이고 벌일 수 있겠지요. 하지만 저는 그것이야말로 신이 주신 축복이라고 해석합니다. 오죽하면 옛말에 불한당不汗黨이라는 욕이 다 있겠습니까. 불한당은 말 그대로 땀을 안 흘리는 놈이에요. 그래서 예전에는 어른들이 일 안 하고 빈둥거리며 말썽만 일으키는 사람을 가리켜 불한당 같은 놈이라 그랬죠. 가장 큰 욕 중에 하나였습니다.

신이 인간을 땀 흘려 일하도록 만든 것이 형벌이 아니라 축복인 근거는, 또한 뇌과학에서도 찾을 수 있습니다. 인간의 뇌는 고통을 경험하고 그것을 넘어설 때 고도의 기쁨을 느낀다는 사실이 이미 뇌과학자들에 의해 밝혀졌어요. 단순히 놀이나 레저나 쉼을 통해서는 느낄 수 없는 엄청난 환희를, 오직 몸과 마음을 다해 땀을 흘려 어려움을 극복할 때에만 경험한다는 겁니다. 따라서 현재 일하기가 싫고 힘들고 지겨운 사람이라면, 그 원인을 일에서 찾을 게 아니라 자신에게서 찾아야 합니다. 왜 나는 신이 주신 축복을 제대로 누리지 못하는지를 발견해야 한다는 말입니다.

삶이 우울하고 무기력한 이유

언젠가 50대 초반의 남자 분이 수련을 하겠다고 찾아 왔습니다. 40대 중반까지는 제법 규모가 큰 봉제공장을 운영하는 사장으로 살았어요. 한때는 직원이 600명에, 남미에까지 진출하는 등 잘 나갔지요. 그런데 공장에 노조가 생기자 사장이 그 꼴 보기 싫다고 공장 문을 닫았습니다. 평생 먹고사는 건 물론이고 자식에게 물려줄 돈도 충분하니 아쉬울 게 없다고 본 거예요. 처음 몇 년은 노는 게 나쁘지 않았대요. 그런데 언제부턴가 그냥 놀기만 하는 게 지겨워서 프로그램을 짰답니다. 월요일은 산행, 화요일은 골프, 수요일과 목요일에는 수영과 낚시, 이런 식으로요. 그런데 몇 주 지나니까 그마저도 심드렁해지고 인생이 아주 우울해지더랍니다.

그러면 이 사람이 왜 우울증과 무기력에 빠졌을까요? 제 일을 하지 못해서 그렇습니다. 일단은 폐업을 한 게 아주 큰 실수예요. 그 일이 자신을 기쁘게 하고 신나게 만들었다면 그것을 계속했어야죠. 노조가 생기면서 골치가 좀 아프긴 했을 겁니다. 하지만 그 어려움을 창의적으로 넘어섬으로써 회사와 노조 모두 상생하는 길을 찾았다면, 그의 뇌는 아마도 극도의 기쁨을 느꼈을 거예요. 그런데 그는 어떻게 했습니까? 먹고살 돈이 충분하다는 이유로 그 좋은 기회를 스스로 걷어차 버렸어요. 이것이야말로 일에 대한 그의 무지에서 비롯된 비극입니다. 왜냐, 일은 단지 먹고사는 수단만은 아니거든요.

물론 과거에는 인류가 오로지 먹고살기 위해, 생계를 유지하기 위해 짐승처럼 일하고 노예처럼 일하던 시절이 있었습니다. 하지만 현대사회에서 일은 생계유지를 위한 기본 도구일 뿐만 아니라, 그에 더해 다른 의미와 가치를 지닙니다. 이제는 일을 통해 삶의 기쁨과 재미를 느끼고, 나아가 일로 자기를 실현하는 시대예요. 그런데 위에서 말한 분은 일을 여전히 생계수단으로만 제한해서 생각했습니다. 다시 말하면 사실을 보지 못하고 자기 생각으로 현실을 재단했기에, 삶이 그처럼 우울해지고 고통스러워진 거라고 할 수 있습니다.

일의 진정한 가치는 '무가탈'에 있다

그러면 과연 일이 무엇일까요? 우리의 삶에서 일이 차지하는 의미와 가치가 무엇이기에, 그것을 제대로 이해하는 것이 그처럼 중요할까요? 이와 관련하여 제가 일목요연하게 정리해 놓은 도형 하나가 있습니다. 이것만 잘 이해하면 일이 무엇인지, 일이 왜 중요한지, 내가 일을 잘하기 위해 무엇을 해야 하는지를 다 알 수 있으니, 여러분은 이번 강의를 통해 다른 무엇보다 이 도형만은 꼭 기억해 두기를 바랍니다.

하늘 (성부=시간=머리=지慧=지知)

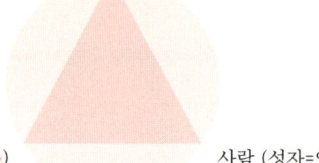

땅 (성령=공간=가슴=정情=덕德)   사람 (성자=인간=배=의意=체體)

사람은 머리 위에 하늘을 이고, 발아래로는 땅을 딛고 살아갑니다. 이것이 동양 철학에서 말하는 천지인天地人이자, 삶을 구성하는 세 요소인 시간, 공간, 인간이에요. 이것을 또한 기독교적으로 풀면 성부와 성자와 성령이 되고, 인체로 치환해서 말하면 머리, 가슴, 배가 됩니다. 여기서 머리는 지식을 상징합니다.

머리에서 지식이 나오고, 머리로 지식을 추구한다는 의미예요. 그에 반해 가슴은 정, 곧 덕과 사랑의 원천이 되지요. 또한 배는 힘과 생명의 근원이어서, 그로부터 자신의 뜻을 추구하고 실현할 수 있는 의지가 나옵니다. 이렇게 해서 인간이 갖춰야 할 기본 덕목인 지덕체知德體, 혹은 지정의智情意가 완성되는 것입니다.

위의 도형은 결국 이 모든 요소가 일과 삶 속에 다 들어 있음을, 또한 그 요소들이 조화를 이루며 통합되어 원만해질 때 삶은 최고가 되고 일은 최상이 됨을 보여줍니다. 곧 삶과 일은 하나라는 거지요. 일 속에 삶이 있고 삶을 통해 일이 실현된다는 거예요. 거꾸로 삶 속에 일이 있고 일을 통해 삶이 실현된다고 해도 맞습니다. 따라서 저는 일을 이렇게 정의합니다. "일 속에는 내가 가야 할 '길'이 있고, 깨달아야 할 '진리'가 있고, 또한 살아야 할 '생명'이 있다."고 말입니다.

이런 정의가 제 생각에서 대충 나온 것이 결코 아닙니다. 어느 날 〈요한복음서〉를 읽다가 만난 성경 구절 하나가 제게 영감을 주었지요. "아버지께서 일하시니 나도 일한다." 이 구절을 발견한 순간, 제 머릿속에 일이 무엇이고 왜 해야 하는지를 설명하는 위의 도형이 단번에 그려졌습니다. 하나님이 하나님의 일을 하시듯 사람은 누구나 일을 해야 한다는 사실을, 단순히 월급 타기 위해서가 아니라 사람이 되기 위해서 일을 해야 한다는 사실을 깨달았다고 할까요?

일 속에 내가 가야 할 길이 있고
깨달아야 할 진리가 있고
또한 살아야 할 생명이 있습니다.

　더 구체적으로 들어가면 이렇습니다. 여기서 길은 지식을 의미하고, 진리는 덕과 사랑을, 생명은 힘을 뜻해요. 곧 지덕체智德體입니다. 이를 우리 신체로 표현하면 머리, 가슴, 배가 되지요. 그러니 일을 잘하려면 머리와 가슴과 배를 고루 발전시켜 지력과 심력과 체력을 키워야 합니다. 머리에 든 지식이 하나도 없는 사람을 멍청이라 하는데, 이런 사람은 일을 못하게 돼 있어요. 마음이 고장 나서 자기를 조절하지 못하고 다른 사람과 좋은 관계를 맺지 못하는 사람, 또 몸에 힘이 없어 항상 축 처져 있는 사람도 결코 일을 잘할 수 없습니다.

　이처럼 지력과 심력과 체력이 약하여 일을 못하면, 그 사람의 삶은 무지하고 가난하고 허약해집니다. 반면 일을 통해 지력과 심력과 체력을 키우고, 또 지력과 심력과 체력을 키워서 일을 잘하게 되면 무지와 가난과 허약에서 벗어나 비로소 사람의 삶을 살 수 있게 되지요. 일이란 결국 무지와 가난과 허약에서 벗어나는 '무가(허)탈'이라고 제가 주장하는 이유는 이때문입니다.

주인으로 살 것인가, 머슴으로 살 것인가

이번에는 글 하나 보겠습니다. 다 같이 읽습니다.

일

사람은 일을 해야 사람이 된다.
사람은 본래 일을 하게 되어 있다.
일을 하고 싶어 하는 본성이 있다는 것이다.
일을 하지 않고 사람이 되겠다는 사람은
얼빠진 사람이요
자기 일을 하지 않고 기도해서 성령받겠다는 것은
넋 나간 사람이다.

하나님이 하나님이신 까닭은
그분이 하나님의 일을 하시기에
하나님이 되시는 것이다.
예수가 그리스도이신 까닭은
그분이 그리스도의 일을 하시기에
그리스도가 되시는 것이다.
그분은 말씀하셨다.
아버지께서 일하시니 내가 어찌 놀 수 있겠느냐?
그래서 나도 일한다는 것이다.
그렇다.
아버지는 일하시는 분이다.

봄에는 봄이 되셔서 봄의 일을 하시고
가을에는 가을이 되셔서 가을의 일을 하신다.
낮에는 낮이 되셔서 낮의 일을 하시고
밤에는 밤이 되셔서 밤의 일을 하신다.

(……)

내가 나 되는 것은 일을 통해서다.
일보다 더 좋은 수련이 없고
일보다 더 나은 스승이 없다.
일을 통하지 않고 나 되는 길은 관념으로 흐르기 쉽고
말에 머물기가 쉽다.

일 속으로 들어가라.
일의 중심으로 들어가 하나가 되어 보라.
내가 곧 일이요, 일이 곧 나다.
그럴 때 일은 쉽고 재미있고 자연스럽다.
어렵지 않고 힘들지 않다.
누가 시켜서가 아니라 그냥 일하고 싶고
또 일을 하면 기쁘고 신이 난다.
자기 일을 갖는 것이 구원이라면 구원이 아닐까?

자기 일, 그것은 하늘이 준다.
천직天職이라는 말이다.
예수도 늘 그러셨다.
당신을 보내신 분이 있고,

그 보내신 분이 하라는 일을 하고 있다고.

자기 일은 자기의 소질과 재능이 발휘되는 일이다.
자기 일을 하면 자신에게는 믿음이 생겨 기쁘고
이웃에게는 희망이 일어나 살아나고
하나님께는 사랑으로 영광이 된다.

지구 방문 중에 자기 일을 가진 사람보다
더 복 받은 사람은 없다.
일 없어 본 사람의 한결같은 얘기가 있다.
일 없는 고통에 비해 일하는 고통은 우습다는 것이다.

(······)

일할 직장이 있음을 감사하고
일할 직책이 있음을 고마워하고
일할 거리가 있음을 기뻐하자.
마하트마 간디도 그랬다.
일은 단지 그 무엇을 만들어 내는 생산에
목적이 있는 것만은 아니라고.
일의 과정 과정을 통해
나는 더욱 나 되어 간다.
그러니 일이야말로 하나님의 수련 도장이다.
아버지께서는 지금도 자기 일에 한창이시다.

— 장길섭, 《눈뜨면 이리도 좋은 세상》에서

첫 구절이 "사람은 일을 해야 사람이 된다."입니다. 왜 그럴까요? 일 속에서만이 내가 가야 할 길과, 깨달아야 할 진리와, 살아야 할 생명을 찾을 수 있기 때문입니다.

그런데 대다수의 사람들이 일을 제대로 하지 않고 억지로 주어진 일을 합니다. 바꿔 말하면 주인으로 살지 못하고 머슴으로 사는 거지요. 주인은 일이 좋아서 일을 하는 반면 머슴은 단지 살기 위해, 즉 돈을 목적으로 일을 합니다.

일이 좋아서 하는 주인은, 그 일만 하면 신이 나고 기뻐요. 자기 안의 신성이, 곧 창조적 지성이 분출되고, 그것을 통해 길과 진리와 생명을 얻기 때문이에요. 물론 그 과정에서 좌절과 시련을 경험합니다. 때로는 돈이 없어 고생을 엄청 할 수도 있습니다. 그런데도 마냥 좋아서 일을 하는 이유는 우리 뇌가 그렇게 되어 있어서입니다. 고통을 넘어설 때 가장 고도의, 질 높은 기쁨을 얻는 게 뇌의 특성이에요. 그러니 뇌가 더 어려운 일, 안 해 봐서 힘든 일, 앞을 알 수 없는 일 쪽으로 몰아가는 거지요.

그 너머에 존재하는 기쁨을 한 번이라도 맛본 사람은, 일이 힘들면 힘들수록 그에 더 몰입합니다. 하지만 그걸 경험해 보지 못한 사람은 누가 시키는 일만 대충 하고, 책임지기를 두려워하고, 오로지 푼돈에 끌려 억지로 일을 해요. 그것이 자기 영혼으로부터 도망가고 꿈을 깨는 행위라는 것도 모르고 말입니다. 이런 사람들 얼굴 보면 어떤지 아십니까? 얼이 빠져 있습니다. 넋이 나가 있습니다. 환하게 웃지 못하고 늘 벌레 씹는 표정입니다. 자기 얼굴 하나 책임지지 못하면서 일이 안 되면 늘 남 탓을 하고 상황 탓을 하고, 심지어는 하나님을 원망하기까지 합니다. 그러니 매일같이 이런 사람과 대면해야 하는 가족과 회사 사람들의 심정이 어떨까요. 아주 괴롭지 않겠습니까?

본성이 영靈임을 알 때 열리는 무한한 세계

《팡세》라는 불후의 명저를 남긴 사람이 있지요. 파스칼입니다. 신부면서 수학자였어요. 머리는 비상한데 몸이 매우 허약해서 결국은 서른아홉에 요절을 합니다. 그런 그가 생전에 하나님께 올린 유일한 기도가 뭔지 아십니까? "다음 생에는 좀 더 일할 수 있게 튼튼한 몸을 달라."는 것이었어요. 그는 진정 주인이었던 거지요. 일을 사랑했고, 그 일을 통해 하나님의 뜻과 자기의 참된 욕망을 실현하는 사람이었던 겁니다.

여러분, 파스칼뿐만 아니라 모든 인간에게는 일을 하고자 하는 본성이 있습니다. 인간이 이 세상에 왜 왔어요? 사람 되러 왔지요. 그런데 이 세상에서는 일을 통하지 않고서는 사람이 될 수 없어요. 따라서 그걸 의식하든 못하든, 누구나 가슴 깊은 곳에는 일을 하고 싶어 하는 욕망이 꿈틀거리고 있는 겁니다.

지금 우리 여기서 무슨 일 하고 있습니까? 저는 강의를 하고 있습니다. 또 여러분은 듣는 일을 하고 있어요. 그렇다고 제가 계속 강의만 하는 거 아니죠. 강의 끝나고 집에 돌아가면 아버지가 되고 남편이 되어 아버지와 남편의 일을 합니다. 또 살림마을에 가서는 선생님이 되어 수련을 안내하는 일을 합니다. 여러분도 마찬가지예요. 언제 어디에 있느냐에 따라 각자의 역할과 일은 달라집니다. 그럴 수 있는 이유는 우리가 근본적으로 영靈이기 때문이에요. 영은 없지요. 없어서 무한합니다. 고정돼 있지 않다는 말입니다. 따라서 무엇으로든 변화할 수 있어요. 가능성이 어마어마하지요. 때와 장소에 맞게, 그에 요구되는 일에 가장 적합한 사람으로 변화할 수 있는 겁니다.

변화는 또한 이 세상의 '변하지 않는' 유일한 속성이기도 합니다. 세상의 모든 것이 변해요. 이를 불교에서는 무상無常이라고 말하지요. 물건이 변하고 사람이 변합니다. 또 시대가 변해요. 그래서 하나님은 아브라함에게 이렇게 말씀하신 것입니다. "본토 아비 친척을 떠나 내가 네게 지시한 땅으로 가라."고요. 여기서 본토 아비 친척을 떠나라는 것은 변화하라는 겁니다. 내게 익숙한 장소와 사람과 문화와 관습을 떠나 다른 데, 즉 너 자신을 찾아가라는 거예요.

그런데 많은 사람들이 변화를 거부하고 살아갑니다. 태어나서 죽을 때까지 교회만 다녀요. 다른 종교는 알아볼 생각도 않습니다. 또 늘 만나는 사람만 만나요. 자기의 잘못된 습관을 바꾸려고도 않습니다. 더욱이 때와 장소가 바뀌어도 한 가지 역할과 모습만 고집하는 사람들도 많습니다. 예를 들어 교회에서만이 아니라 집과 목욕탕과 길거리에서도 목사로 사는 거예요. 앉으나 서나 누우나 목사인 거지요. 또 매 순간 사장으로만 사는 사람도 있습니다. 그런 사람은 가족들도 그저 사원으로 대해요. 중요한 계약을 성사시키는 자리에 가서도 고개 숙일 줄 모르고 자존심만 내세우다 오히려 일을 망치곤 합니다.

결론은 자기의 본성이 무한한 영인 줄 모르고 변화할 줄 모르는 사람, 세상은 다 변화하는데 그에 맞춰 자기를 변화시킬 줄 모르는 사람은 결코 일을 잘할 수 없다는 겁니다. 반면 세상의 변화를 민감하게 읽어 내고 때와 장소와 역할에 맞게 나를 자유자재로 변화시킬 수 있는 사람은 일에 성공하지요. 이런 사람만이 자기에게 잠재된 가능성을 현실로 바꿔 낼 수 있기 때문입니다.

하늘이 준 소질과 재능을 발견하라

제가 진행하는 수련 중에는 인간의 본성이 영임을 알고 경험하는 시간이 있습니다. 그때 제가 이렇게 말합니다. "팔자 탓하지

마라. 누구든 팔자를 눕히면 무한대가 되고, 그것이 네 본성이
다." 팔(8)자를 눕혀 보세요. 무한대(∞) 맞죠? 그래요. 우리 모
두의 존재가 이렇습니다. 영이에요. 영은 '없이있음'으로 무한
합니다. 그래서 그 무엇으로도 변화할 수 있고 될 수 있어요.

그런데 그 무한한 가능성이 이 세상에서는 일로 표현됩니다.
일을 통해 무엇이든 할 수 있고, 그 과정에서 온갖 고통과 어려
움을 넘어설 때 고도의 행복과 환희를 맛보는 절정의 경험peak
experience을 하게 되는 겁니다. 오직 인간만이 그 경험을 해요.
그래서 인류문화가 이 정도로 발전한 것입니다. 동물들은 고통
스러운 건 안 해요. 반면 인간은 오기로라도 더 하죠. 올림픽에
출전하는 선수들은 하루에 열 시간도 넘게 연습해서 기어코 금
메달을 목에 걸려고 합니다. 화가와 작가들은 창작의 고통을
무릅쓰고 그림 그리고 글 쓰는 일에 몰두하지요. 왜 그래요? 그
때 만나는 행복을 알기 때문이에요. 그 일이 자기의 진정한 스
승이고, 그 일을 통하지 않고서는 자기 자신이 되는 길이 없음
을 자각하고 있기 때문입니다.

문제는 하늘이 각자에게 준 그 일을 발견하지 못하고 애먼
데서 헛짓하는 사람들이 아주 많다는 겁니다. 하늘이 준 일, 그
것이 곧 천직天職이에요. 다른 말로 하면 자기의 소질과 재능에
딱 맞아떨어지고, 나아가 그 소질과 재능을 더욱 꽃피울 수 있
는 일이 천직입니다. 우리 모두는 이 세상에 올 때 적어도 하

나씩은 소질과 재능을 갖고 왔어요. 성경에서 말하는 달란트는 바로 이것을 의미하지요. 그러니 자기의 소질과 재능을 발견하여 천직에 종사하는 것이야말로 사람 되어 가는 길이자 하늘의 소명을 실현하는 길이라 할 수 있습니다.

그저 일이 좋아서 하는 주인들은 그 길을 이미 찾은 사람들입니다. 주인정신을 가지고 주인으로 삶을 삽니다. 그들은 단지 돈을 좇아서 직장을 옮기고 먹고살기 위해 억지로 일하지 않아요. 그래서 이들을 업業의 사람이라 부릅니다. 반대로 자기의 소질과 재능을 찾지 못하고 천직이 뭔지도 모른 채, 눈에 보이는 이익과 외적 조건에 휘둘리는 이들의 삶은 목적과 수단이 뒤바뀌어 있어요. 이런 사람은 업의 사람이 되지 못하고 평생을 직職의 사람으로 살다 갈 뿐입니다. 노예근성으로 삶을 머슴처럼 삽니다.

디자이어에 접촉하는 단 한 가지 방법

하늘이 준 소질과 재능. 이를 저는 디자이어Desire라 부릅니다. 직역하면 욕망이지요. 여기서 욕망은 저급한 수준의 본능을 의미하지 않습니다. 본능은 짐승도 갖고 태어나요. 반대로 고급의 욕망, 참된 욕망은 오직 인간만이 지닙니다.

아주 오랜 옛날에는 인간이 동물과 흡사하게 낮은 차원의 본능만 가지고 산 적도 있습니다. 또한 사회가 분화되지 않고 일이 발달하지 않았을 때는 개인이 자기의 소질과 재능을 발견하고 발휘할 여지가 크지 않았어요. 그런데 지금은 누구라도 작정하고 노력하면 자기의 소질과 재능을 펼칠 수 있게 되어 있지요. 그런 이들에게는 나라와 민족과 인종의 경계도 없습니다. 전 세계가 활짝 열려 있어요. 한마디로 이 지구 자체가 소질과 재능을 실현하는 이들의 거대한 무대가 되었다고 해도 과언이 아닙니다.

그렇다면 대체 어떻게 해야 내 디자이어를 발견하고 소질과 재능을 꽃피우면서 살 수 있느냐고요? 사람들이 이 질문을 던질 때마다 제가 들려주는 이야기가 있습니다.

헬렌 S. 정의 책에 이런 내용이 나옵니다. 언젠가 한 저명한 심리학자가 뉴브리튼이라는 섬에 들어갔어요. 그곳에 사는 사람들은 항상 기쁩니다. 늘 웃고 활기차요. 삶이 충만함과 행복으로 가득 차 있지요. 그 이유가 궁금하여 심리학자가 사람들에게 물었어요. 당신들은 어떻게 그처럼 늘 기쁘게 삽니까? 그러자 그들이 하나같이 이렇게 대답합니다. "우리는 우리가 하는 일을 전심전력으로 합니다. 그러면 좋은 마음이 생기고, 좋은 마음에서는 좋은 생각이 우러나며, 좋은 생각은 또한 좋은 일을 만듭니다."

그래요. 자기의 디자이어를, 소질과 재능을 만나는 방법은 의외로 간단합니다. 일단 지금 하는 일에 최선을 다해야 해요. 걸을 때 최선을 다해서 걷고, 생각할 때 최선을 다해서 생각하고, 남의 말을 들을 때는 또 최선을 다해 경청하라는 말입니다. 다들 이렇게 사는 것 같죠? 그런데 아니에요. 일할 때 쉴 생각하고, 쉴 때 뭐 먹을까 궁리하고, 밥 먹을 때 딴 짓하고, 잠잘 때 머릿속으로 월급 계산합니다. 다시 말해 지금을 못 사는 거지요. 그래서 무엇을 해도 대충대충, 건성건성 하게 되고, 그래서는 자기의 진짜 디자이어에 접촉할 수가 없습니다.

빨간 양말, 오직 지금만 신을 수 있어

'지금을 사는 것'을 너무 어렵게 생각하지 마십시오. 사실 우리는 모두 지금을 살 수밖에 없습니다. 예를 들어 이 물 한 컵 언제 마실 수 있어요? 지금밖에 마실 수 없지요. 어제 마신 것은 이미 지나간 일입니다. 다음에 마시겠다는 것은 아직 일어나지 않은 일입니다. 그러니 마시는 행위는 오직 지금만 일어날 수 있는 거예요. 내 힘을 쓸 수 있는 건 지금뿐이라고요. 그 외에는 다 생각입니다. 예전에 했다는 생각, 앞으로 할 것이라는 생각. 그런데 생각은 생각일 뿐이죠. 그것이 지금 행동으로 전환되지 않는 한, 먼지 한 톨조차 옮길 수 없습니다. 다시 말해 일을 할 수 없는 거예요.

수련 중에 제가 사람들에게 묻습니다. "이 빨간 양말 신을 수 있습니까?" 그러면 대답이 가지가지로 나와요. 앞으로 나가서 양말을 집어서 벌려서 신으면 된다고 하는 사람도 있고, 양말을 집에 가져가 내일 신겠다고 하는 사람도 있지요. 심지어 빨간 양말은 신을 일이 없다고 하는 사람도 있어요. 다들 지금을 못 살고 있는 거지요. 그냥 나가서 신으면 되는데, 그 단순 명쾌한 행동 하나 하는 게 어렵습니다. 그러니 다 앉은뱅이로 사는 것 아니겠어요? 그러면서 일 잘하고 싶다고, 열정적으로 살고 싶다고, 꿈을 이루고 싶다고 한들 그게 되겠습니까? 한마디로 '싶다'라는 생각 병에 걸린 것일 뿐이죠.

그 병을 극복하는 비결은 하나예요. 지금 즉시 내 몸을 움직이는 것입니다. 이와 관련해서 제가 자주 들려주는 이야기가 있습니다. 당나라에 남악이라는 아주 유명한 스님이 한 분 계셨어요. 하루는 그 스님이 법당에 갔는데 웬 청년 하나가 앉아서 참선을 하고 있는 겁니다. 가만 보니 대각할 인물이에요. 스님이 궁금해서 그에게 가서 물었죠. "너는 여기서 무엇을 하고 있느냐?" "저는 부처가 되려고 합니다." "앉아 있으면 부처가 된다고 하더냐?" "예. 부처님도 이렇게 앉아서 참선을 하다가 깨달았다고 들었습니다." 그다음 날, 남악 스님이 법당 옆에서 기왓장을 갈기 시작합니다. 그 소리가 얼마나 시끄러운지 법당 안에 있던 청년이 뛰어나와 묻습니다. "스님, 대체 기왓장은 왜 갈고 있는 겁니까?" "기왓장 갈아서 거울 만들려고 그러지." "아니, 그렇게 한다고 기왓장이 거울이 됩니까?" 그러자 남악 스님이 때를 놓치지 않고 청년에게 말합니다. "그러는 너는, 앉아만 있다고 부처가 될 성 싶으냐?"

법당 안에서 참선에 몰두하던 청년 이름이 마조馬祖입니다. 말처럼 달려야 하는 게 그 사람의 본성이고 디자이어죠. 남악 스님은 그걸 알아봤던 겁니다. 그래서 부처 흉내 내며 앉아 있는 대신 일어나 달리라고 깨우침을 준 거예요. 여러분도 생각만 가지고는 아무것도 할 수 없음을 알아야 합니다. 자기가 원하는 것을 지금 해야 해요. 빨간 양말을 신기 위해서는 움직여야 한다는 말입니다. 그것도 대충하는 것이 아니라 뉴브리튼 섬 사람들처럼 전심전력을 다해야 합니다. 그때 비로소 생각이 깨지고, 그 너머에 있는 디자이어가 튀어나와요. 자기의 소질과 재능을 발견할 길은 이것 외에 없습니다.

계속해서 갈 것인가, 다른 길을 찾을 것인가

여러분, 만약 지금 하는 일이 신나고 즐겁지 않다면 무엇이 문제인지 점검해 보세요. 정말 원하는 일이 아니어서 그럴 수도 있지만, 다른 이유로 그 일에 더 이상 흥미와 열정을 못 느낄 수도 있습니다. 그럴 때는 당분간 생각하기를 멈추고 그 일에 대한 자기 몸의 반응을 지켜보면서 느낌을 알아차려야 합니다. 그러면 몸이 알려줘요. 그 일이 내 소질과 적성에 안 맞아서 그런 것인지, 아니면 단순히 월급이 적거나 근무시간이 안 맞아서 불만인 것인지가 드러난다고요. 원인을 알면 해결책을 세울 수 있지요. 어떤 요인을 개선함으로써 해결될 문제라면 그에 필요한 전략을 짜서 이행하면 돼요. 반면 그 일이 정말 내 소질과 재능과는 상관없어서 괴로운 거라면, 그때는 과감히 그만두고 새로운 일을 찾아야 합니다.

그런데 많은 사람이 일을 그만둬야 할 순간에 그만두지 못해요. 가슴이 뛰기는커녕 출근길이 지옥 같고 퇴근길이 무력한데도 죽지 못해 그 일을 계속하는 겁니다. 그런데 대안이 없다고 해서, 먹고살 길이 염려된다고 해서 불평과 불만이 가득한 채 계속 그 일을 하는 것은 아무에게도 도움이 안 됩니다. 자기를 기만하고 회사에게 손해를 입힐 뿐이지요.

이런 부류의 젊은이들이 제법 찾아옵니다. 그들에게는 공통점이 있어요. 자기가 다니는 회사가 대기업이 아닌 중소기업이라고 우습게 여겨요. 나는 이런 데 다닐 사람이 아니라는 거죠. 또 회사 동료나 선후배 중에 고졸 출신들을 멸시해요. 나는 대

대안이 없다고 해서,
먹고살 길이 염려된다고 해서
불평과 불만이 가득한 채
계속 그 일을 하는 것은
아무에게도 도움이 안 됩니다.

학 나왔다 이겁니다. 그밖에도 월급 적게 준다고 불평, 일 많이 시킨다고 불평, 회사에서 수련에 강제로 보냈다고 불평합니다. 비용 다 대주고 일하는 시간까지 빼 줬는데도 그래요. 심지어는 회사 이름도 안 밝혀요. 그만큼 자기 자신과 일과 회사에 대해 자긍심이 없는 겁니다.

이랬던 사람들이 수련 후에 180도로 변합니다. 자신이 잘못 살았다는 것을 깨닫고 회사 일에 전심전력을 다하는 쪽으로 바뀌는 사람이 있다면, 그 일을 그만두고 정말 자기의 디자이어가 뭔지 발견하겠다며 방향을 전환하는 사람도 있습니다. 어떤 것이 옳다 그르다 남이 판단할 수 없어요. 자기의 생은 오직 자기만 만들어 갈 수 있으니까요. 그런 점에서 이들은 모두 축복받은 사람들이지요. 자기 운명을 스스로 디자인하는 주인공으로 우뚝 서기 시작했으니 말입니다.

나는 일을 통해 4번가로 간다

이제 마지막으로 일에 따라 삶의 질이 어떻게 달라지는지를 도
표 하나로 살펴보면서 첫 강의를 마무리하려 합니다. 바로 '4번
가 사람' 도표입니다.

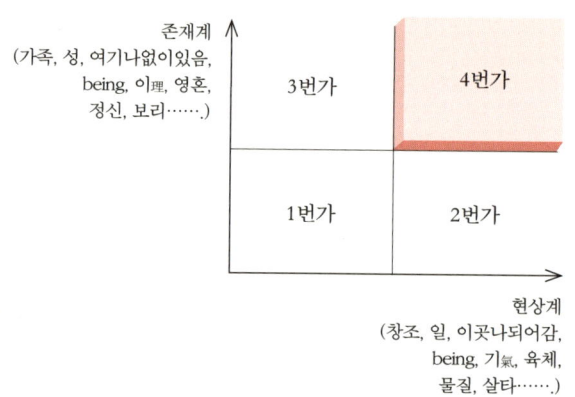

세상에는 모두 네 종류의 사람이 있습니다. 끼리끼리 모인다
고, 같은 부류의 사람들은 사는 동네도 같아요. 그럼 먼저 1번
가에 사는 사람들을 보겠습니다. 이 동네에 사는 이들은 하기
싫은 일 하면서 돈도 못 벌어요. 본인이 싫어하는 일 하니까 어
때요? 열정 없이 대충 합니다. 또 회사에 대한 불평불만, 세상
에 대한 원망으로 꽉 차 있어요. 생활도 물론 어렵고요.
  반면 2번가에는 하기 싫은 일을 하되 돈은 잘 버는 사람들이

삽니다. 이들은 하나같이 돈 버는 게 목적이에요. 그래서 열심히 일합니다. 그 결과 아주 크게는 아니어도 그럭저럭 성공하는 사람들이 종종 나와요. 하지만 자신의 디자이어에 맞지 않는 일을 하고 있기에 늘 불안하고 허전합니다. 경제적으로는 윤택해도 삶의 나머지 부분들이 조화롭지 못하고 뭔가 어긋나 있기 때문이지요.

그다음 3번가에 사는 사람들의 공통점은, 하고 싶은 일을 하긴 하는데 돈을 못 번다는 겁니다. 지금 당장은 신나고 즐거울 수 있어요. 하지만 경제적으로 어려운 상황이 오래되면 본인이 지칠 뿐 아니라, 주변 사람들에게 걱정을 끼치고 부담을 줄 수도 있습니다. 그러니 3번가에 눌러앉으려는 대신, 치밀하게 준비하고 노력하여 원하는 일을 하면서 돈도 잘 버는 이들의 동네인 4번가로 넘어가야 해요.

어떻습니까. 여러분 모두 4번가 사람이 되어 삶을 풍요롭고 아름답게 가꾸어야 하지 않겠습니까. 그러려면 먼저 무엇을 만나야 한다고요? 그래요. 디자이어, 즉 하늘이 준 소질과 재능을 발견해야 합니다. 그걸 위해 우선은 지금 하는 것이 무엇이든 그에 최선을 다하세요. 회사 일이든, 산책이든, 공부든, 아니면 집안 청소든, 지금 이 순간에 내 마음과 성품과 뜻을 다하라 이 말입니다. 그러면 언젠가는 원하는 일을 찾게 되어 있어요. 그 일을 통해 내가 가야 할 길을 발견하고, 내가 깨달아야 할 진리를 찾고, 또 내가 살아야 할 생명을 누리면서, 하늘이 우리를 이 세상에 보낸 뜻을 실현할 수 있다는 겁니다.

오늘 강의는 이것으로 마칩니다. 여러분 모두 한 주 동안 4번가 사람의 표정과 웃음으로, 4번가 사람의 태도와 품성으로 열심히 일하며 살다가 다음 주에 다시 만나 뵙기를 바랍니다. 고맙습니다.

2장

왜 일을 하는가

/ 사람은 사람이어서 일을 하게 되어 있다 /

야간작업이라도 좋다, 일만 다오

엊그제 신문을 보다가 재미있는 기사 하나를 발견했습니다. 한국은행 김중수 총재가 KDI에서 강연을 하던 중에 이런 요지의 말을 했답니다. "젊었을 때 일 안 하면 나중에 일 못한다. 야간작업도 축복으로 알아라." 그런데 이것이 외부에 알려지면서 엄청나게 많은 댓글이 달렸답니다. 그중에는 야간작업 하면 빨리 죽는다, 야간작업이 축복이면 당신이나 하라는 식의 비난이 있는가 하면, 의외로 한편에서는 일 없는 고통에 비하면 야간작업은 정말 축복이라며 김 총재 말에 동의하는 내용도 있었다고 해요. 여러분은 과연 어느 편에 손을 들어주겠습니까?

　야간작업이 축복이라는 댓글을 단 이들은 아마도 현재 일이 없어 어려운 상황에 처해 있거나, 과거에 한 번쯤 그와 같은 고통을 겪어 본 사람들이 아닐까 싶습니다.

번듯한 대학을 나와서도 직장을 구하지 못해 애태우는 청년들, 몇 십 년을 회사만 보고 살았는데 어느 날 갑자기 명예퇴직을 당해 거리로 내몰린 중년의 가장들, 그리고 결혼생활과 육아를 배려하지 않는 회사 분위기로 인해 울며 겨자 먹기로 사표를 낸 여성들. 이들이 느끼는 좌절감과 열패감을 과연 당해 보지 않은 사람이 알 수 있을까요? 그들의 처지에서는 야간작업이라도 할 수 있는 직장에 다니는 사람들이 정말로 부럽지 않을까요?

치솟는 실업률과 일자리 부재로 인해 큰 어려움을 겪고 있는 게 비단 우리나라만은 아닙니다. 전 세계적인 현상이에요. 대표적인 선진국으로 꼽혀온 미국과 서유럽 나라들도 예외는 아닙니다.

대통령 선거철만 되면 후보들이 전부 '일자리 창출'을 공약으로 내걸어요. 그만큼 사람들에게 일이 절실히 필요하다는 거지요. 야간작업에 대한 호불호를 떠나서 일이 없으면 살 수가 없다는 것이, 일과 삶은 떼려야 뗄 수 없다는 것이 이렇게 증명되고 있는 겁니다.

일이 곧 일상이 된 사회

역사적으로 볼 때 일이 이렇게 대다수 사람의 일상을 크게 차지한 것은 그리 오래되지 않았습니다. 고대 그리스 로마 시대에 일은 전부 노예들의 몫이었어요. 그리스 시대에는 일 년에 50일, 로마 시대에는 한 술 더 떠 무려 175일씩 축제를 즐겼다고 합니다. 중세에도 일하는 시기가 일 년의 3분의 2를 넘지는 않았습니다. 그러던 것이 산업혁명 이후에 급격히 변화했죠. 일이 하루의 일과가 되어 삶에 큰 비중을 차지하게 된 것입니다. 지금은 말할 것도 없이 일의 중요도와 의미가 훨씬 커졌고요.

이처럼 일의 비중과 중요도가 상승하면서 일이 없어 생기는 고통도 커졌지만, 한편으로는 일에 대한 사람들의 불만도 적지 않은 게 사실입니다. 위의 사례에서 보았듯 너무 일이 많다고, 하는 일에 비해 근로조건이 좋지 않다고 토로하는 사람들이 우리 사회에는 무척 많아요. OECD 국가 중에서 우리나라의 노동시간이 가장 긴 데 비해 최저임금은 턱없이 낮은 형편이니, 그것도 충분히 이해는 갑니다.

그런데 또 재미있는 것은, 흔히 사람들이 생각하는 것과 달리 일을 가장 많이, 그리고 강도 높게 하는 사람들은 말단사원이 아닌 최고경영자나 임원이라는 사실이에요. 어느 회사든 지위가 높고 영향력이 큰 사람일수록 부지런합니다.

돈 말고도 중요한 게 있다

어느 기관에서 조사한 바에 의하면, 일을 왜 하느냐는 질문에 '돈' 때문이라 대답한 비율이 50퍼센트라고 합니다. 반 정도가 먹고살기 위해, 돈 벌기 위해 일을 한다는 거지요. 그러면 그 외 나머지 50퍼센트는 무엇을 위해 일을 할까요?

제가 아는 사람 중에 페인트공이 있어요. 그의 아버지가 오래도록 페인트칠을 하며 살았습니다. 아버지 소원이 아들에게는 그 일 안 시키는 것이었지요. 육체적인 노동은 고생스럽고 돈도 못 버니까, 다른 일을 하길 원했던 겁니다. 다행히 아들이 운동에 소질이 있어서 전북대학교 체육학과를 나와 체육선생님이 되었어요. 그런데 그가 3년 후에 학교를 그만두고 페인트칠을 하겠다 합니다. 아들이 선생님 된 걸 최고 자랑으로 알던 아버지로서는 도무지 이해가 안 가죠. 그래 묻습니다. "왜 페인트공이 되려 하느냐, 학교 선생님으로 사는 게 훨씬 낫지 않느냐?" 그랬더니 아들이 이러더랍니다. "저는 아버지가 존경스럽습니다. 그리고 학교에서 일하는 건 적성에 안 맞아 힘들지만 페인트칠은 잘할 수 있을 것 같습니다."

결국 그는 학교를 그만두고 페인트공이 됩니다. 10층, 15층 빌딩까지 줄을 타고 올라가 페인트칠을 해요. 그러다 인연이 닿아서 살림마을에 와서 일을 하게 되었습니다. 그 사람 페인트칠하는 것을 보고 제가 한눈에 알아봤어요. '아, 내가 도인을 만났구나.' 일을 잘하는 건 물론이고 불평불만이 없습니다. 남 탓을 안 해요. 그리고 하루하루의 마무리가 늘 깔끔합니다. 얼마에 일할 건지 처음엔 얘기도 안 해요. 다 해 봐야 안다는 거죠. 마침내 일을 다 끝내고 철수한 뒤 며칠 만에 나타나서 무슨 문제가 없냐고 묻습니다. 그러더니 자기가 한 바퀴 둘러보고 알아서 보수를 하고 그제야 청구서를 내밀더라고요. 그의 일하는 모습에 반해서 제가 그 후로도 계속 일을 맡겼어요. 지금도 살림마을에 있는 건물들은 다 그가 페인트칠을 합니다.

일반적인 상식으로 따지면 선생님이라는 직업이 페인트공보다 훨씬 우월하게 느껴지지요. 페인트칠하는 일은 흔히 말하는 3D_{dirty, dangerous, difficult} 직종이에요. 어렵고 위험하고 더럽습니다. 그런데도 그는 기꺼이 그 일을 선택했고, 스스로 만족하며 그 일을 해나가고 있습니다. 왜요? 그 일이 자기의 적성과 소질에 더 맞기 때문입니다.

세계 최고의 직업은 없다? 혹은 있다!

헬렌 S. 정의 《나는 왜 일하는가》에 아주 재미있는 이야기가 나옵니다. 자기의 디자이어를 몰라서 적성과 소질에 맞지 않는 일을 하면, 제아무리 조건 좋고 연봉이 높은 일을 해도 그에 만족하기 어렵다는 것을 보여 주는 사례가 있습니다.

어느 날 인터넷에 '세계 최고의 직업'이라는 제목의 동영상이 올라옵니다. 호주의 기업 '퀸즈파크'에서 낸 구인광고예요. 아름다운 섬을 관리할 사람을 모집하는데 조건이 기가 막힙니다. 6개월 임금으로 1억 5천만 원을 제시합니다. 풍광 좋은 해변에 마련된 집과, 개인 요트도 줍니다. 또 골프도 칠 수 있고 수상레저도 마음껏 즐길 수 있어요. 혼자 놀아도 되고 애인이나 친구들을 불러다 놀 수도 있습니다. 섬을 관리하는 일이라지만, 알고 보면 그저 즐겁게 노는 것이 전부예요. 다만 종일 무엇을 하며 놀았는지를 정리해서 인터넷 블로그에 올리면 하루 일과가 끝나는 겁니다.

이 동영상이 올라오자 초당 33회의 접속이 발생해요. 그리고 무려 3만 5천 대 1의 경쟁이 시작됩니다. 그중 대한민국 국적을 가진 남자 한 명이 최종 열 명의 후보로 뽑혀 한동안 화제가 되기도 했어요. 최종 후보로 선정된 열 명은 글쓰기, 사진 찍기, 수영과 서핑 등의 분야에서 경합을 벌입니다. 그 결과 34세의 영국인 벤 사우스홀이라는 사람이 최종 승자로 선정되지요. 이렇게 해서 세계 최고의 직업을 갖게 된 벤 사우스홀은 예정대로 6개월간 섬을 관리하는 일을 하게 됩니다.

내가 진정으로 원하는 것을 모르면,
제아무리 세계 최고의 직업을 가진다 한들
몇 개월 만에 금세 지루함과 허전함을
느낄 수밖에 없습니다.

그러자 전 세계 신문사며 방송국에서 그를 인터뷰하러 몰려들어요. 그를 만나려는 사람들이 얼마나 많으면, 잠 잘 시간마저 부족했다고 합니다. 뿐만 아니라 그는 〈오프라 윈프리 쇼〉에도 나가고, 이런저런 비디오도 촬영합니다. 그가 유명해질수록 수익을 보는 것은 결국 그를 고용한 회사예요. 무려 1,500억이라는 수입을 올립니다. 그런데 이처럼 짧지만 화려한 6개월의 시간을 보낸 후, 벤 사우스홀이 남긴 말이 무엇인지 아십니까? 최고의 직업은 없다는 겁니다. "내가 진정으로 원하는 것을 모르면, 제아무리 세계 최고의 직업을 가진다 한들 몇 개월 만에 금세 지루함과 허전함을 느낄 수밖에 없다."는 거예요.

이 사례에서도 우리는 돈이 일의 전부는 아님을 알 수 있습니다. 아무리 조건이 훌륭해도 정작 나의 뇌가 행복감을 느끼지 못하면, 그 일은 세계 최고의 직업이 될 수 없다는 얘기입니다. 반면 어렵게 페인트칠을 해서 먹고살아도 그 일이 내 적성과 소질에 맞으면 높은 연봉과 개인 요트가 부럽지 않아요. 궂은 날 맑은 날 가리지 않고 낡은 오토바이 한 대에 의지해 우편물을 배달하는 일일지라도, 거기서 삶의 가치와 의미를 발견하는 사람에게는 그 일이 세계 최고의 직업이 되는 겁니다.

왜 힘든 일에 끌릴까?

알고 보면 돈 아닌 다른 무엇에 홀려 일을 하는 사람들이 적지 않습니다. 수련하고 가신 분들은 특히 더 그래요. 수련을 통해 자기의 디자이어를 만나주어서 그런 겁니다. 그것과 깊이 접촉함으로써 마침내 그에 불이 붙은 거예요.

　오래도록 주부로만 산 50대 여성이 있습니다. 작은아이까지 대학에 들어가고 난 다음부터는 별로 걱정이 없어요. 집도 두 채나 되고 남편 직업도 탄탄해요. 한마디로 그냥 놀러나 다니면서 편히 살면 되는 팔자입니다. 그런데도 굳이 일을 하겠다고 나와요. 왜 사서 고생을 하려 하냐고 남편과 아이들이 다 반대해도 기어코 일을 찾아서 합니다.

　또 이런 분도 있습니다. 연세가 68세인 목사님이에요. 목사 정년이 70세라서 곧 일을 그만둬야 합니다. 그런데 그분은 일을 정말 계속 하고 싶어 해요. 설교를 할 수 있는 한은, 80이 되고 90이 되어도 하고 싶다는 겁니다. 곰곰이 생각한 끝에 마침내 개척교회를 열었어요. 본인이 개척한 교회에서는 일을 계속 할 수 있거든요. 그 연세에 개척교회를 세우다니, 남들이 보면 다 놀라죠. 그래도 합니다. 그 일이 좋다는 것 말고는 다른 이유가 없어요.

그 목사님을 보면서 《나는 왜 일하는가》에서 언급한 어부들의 이야기가 떠올랐습니다. 베링 해라고, 시베리아와 알래스카 사이에 바다가 있어요. 세계에서 제일 큰 게로 알려진 킹크랩이 거기서 많이 잡힌다고 합니다. 또 거기서 난 것이 맛도 제일 좋다고 해요. 그런데 늘 잡을 수 있는 게 아니라 일 년에 딱 두 달만, 그것도 하필이면 가장 추운 12월과 1월에만 가능하답니다. 북태평양이니 얼마나 춥겠어요. 또 바람은 얼마나 세게 불겠습니까. 그런 상황에서 열 몇 시간을 배를 타고 나가는 자체가 고역이지요. 또 킹크랩을 잡으려면 통발을 내린 다음 기다렸다가 끌어올려야 하는데, 그게 그렇게 힘들답니다. 왜 안 그렇겠어요? 집채만 한 파도가 치고 바람이 시속 120킬로미터 정도로 부는 바다 한가운데서, 하루 18시간씩 일을 해야 하니 말입니다. 그런데도 해마다 그 시기만 되면 그 일을 하겠다고 사람들이 몰려든대요. 물론 돈은 많이 벌지요. 두 달 일해서 남들이 몇 개월 일한 수입을 올린다고 합니다. 하지만 단지 돈 때문만은 아니라고, 그 일에 자원하는 사람들은 하나같이 말합니다. 그러면서 이렇게 덧붙여요. 킹크랩을 잡는 순간, 그리고 그것을 잡고 나서의 기분을 내가 당신에게 설명할 수는 없다고.

뇌의 비밀, 도파민에 있어

위의 사례에 등장한 인물들은 모두 힘든 일을 자처합니다. 그냥 가만히 있어도 편히 살 수 있는데, 혹은 겉보기에 번듯한 일이나 쉬운 일을 골라 할 수도 있는데 모험을 하고 도전을 합니다. 그때 만나는 어떤 희열, 말로는 설명할 수 없는 그 느낌 하나 때문에 고난의 세계로 향하는 겁니다.

그 이유는 인간의 뇌가 본질적으로 그렇게 프로그래밍 되어 있기 때문이에요. 물론 그것을 경험하지 못하고 죽는 사람도 많습니다. 하지만 일단 한 번이라도 그 순간을 경험하면, 그때부터는 뇌가 본격적으로 그 방향으로 작동해서 자꾸만 도전하게 하고 모험을 하게 한다는 거지요. 오직 사람만 그렇습니다. 사람의 뇌만 고통을 통해 뭔가 특별한 것을 성취할 때 기쁨을 느껴요. 그래서 인류 문명이 이렇게까지 발전할 수 있었던 겁니다. 동물과 달리 사람은 누구를 만나고 어떤 일을 하는가에 따라 뇌구조가 계속 바뀝니다. 그때 일어나는 감정과 생각이 달라지고, 그에 따라 결국은 삶이 달라져요.

흔히들 일반 회사의 샐러리맨으로 사는 게 대기업 임원으로 사는 것보다 여러모로 힘들 거라 생각합니다. 물론 경제적으로는 그런 면도 있을 거예요. 하지만 사실은 대기업 임원들이 일은 더 많이 합니다. 게다가 걱정이 많고 고민이 많아요. 권력이 큰 만큼 책임져야 할 게 많아서 그렇습니다. 그 부담감은 보통 사람으로서는 견디기 힘든 짐이에요. 그런데도 굳이 애를 써서 그 자리에 꼭 올라가려 하는 사람들이 있지요? 그들의 뇌는 안전하고 편한 것에 만족을 못합니다. 더 도전하고 싶어 하고 더 많은 것을 성취하고 싶어 해요. 그래서 위험을 기꺼이 감수하려 드는 겁니다.

위험을 감수하게 하는 뇌의 비밀, 그것은 도파민이라는 호르몬에 들어 있습니다. 어려운 일에 도전하고 뭔가를 성취했을 때 나오는 것이 도파민이에요. 그때의 환희를 경험해 본 사람의 뇌는 도파민이 언제 나오는지를 알게 됩니다. 예를 들어 내가 오늘 어려운 수학 문제 20개를 풀었어요. 뿌듯하고 기쁩니다. 그러면 다음날 비슷한 수준의 문제를 또 20개 풀었을 때도 똑같은 기쁨을 맛볼 수 있을까요? 아닙니다. 그때는 도파민이 생성되지 않거나 아니면 그 정도가 확연히 줄어듭니다. 비슷한 예를 하나 더 들게요. 보험 영업사원이 올해 5억 원어치의 실적을 달성했어요. 내년에는 그 정도로는 안 됩니다. 5억 원을 넘어 그 이상의 영업실적을 달성해야 비로소 도파민이 활발히 생성되고, 작년에 느낀 그만큼, 혹은 그 이상의 기쁨을 누릴 수 있습니다.

뇌의 차이가 곧 삶의 차이

도파민을 경험하여 그것이 언제 생성되는지를 아는 뇌를 지닌 사람은, 무슨 일을 하든 목표 설정을 잘합니다. 대충 하는 데까지 하면 된다는 생각이 없어요. 그렇게 해서는 뇌가 기뻐하지 않는다는 것을 알기 때문입니다. 그래서 자기가 지금 할 수 있는 최대치로 목표를 정하고, 정해진 시간 안에 그것을 이루기 위해 전심전력을 다합니다.

이 원리를 활용한 것이 '도파민에 의한 강화 학습'이에요. 예를 들어 어제 60분 안에 문제 10개를 푼 아이가 있다면, 오늘은 50분 안에 12개를 푼다는 목표를 스스로 정하게 하는 겁니다. 이런 학습법에 적응이 되면, 나중에는 문제를 푸는 속도가 훨씬 빨라지지요. 실수도 줄어듭니다. 일도 마찬가지예요. 60분에 처리했던 일을 10분 안에 완벽하게 처리할 수 있게 됩니다. 뇌가 훈련되어 그만큼 좋아지기 때문이에요.

제가 대안학교인 '레드스쿨'을 운영하면서 가장 관심사를 둔

게 뭔지 아십니까? 아이들의 뇌를 파악하여 고치는 것이었습니다. 특히 초창기엔 공부가 뭔지 경험해 보지 못한 아이들이 수두룩했어요. 한 번도 공부를 통해 기쁨을 느껴보지 못했기 때문에, 그 아이들의 뇌는 무기력에 빠져 있고 단 몇 분도 집중을 못할 만큼 산만했습니다. 그러니 뇌를 훈련하여 바꾸지 않고는 희망이 없다고 본 거지요.

가장 먼저 한 작업은 '몰입하기'입니다. 몰입할 때 뇌에 미엘린이 생기면서 어느 순간 바뀌거든요. 아이들에게 뭐든 시켜보면 알아요. 공부 잘하는 아이들이 다른 것도 잘합니다. 운동도 잘하고 명상도 잘하고 심지어 청소도 잘해요. 왜 그럴까요? 공부에 몰입해서 뭔가를 성취해 본 경험이 있기 때문에, 다른 무엇을 해도 뇌가 그 방향으로 작동하기 때문이에요. 반면 한 번도 뇌가 그런 상태를 경험해 본 적이 없는 아이들은 무엇에도 몰입을 못합니다. 도파민을 맛본 적이 없어서, 그 환희와 벅찬 느낌을 몰라서 그냥 습관적으로 거부해요. "싫어요, 못해요, 안해요." 이런 소리를 입에 달고 삽니다.

여러분, 자발성은 도파민에서 나온다는 것을 기억하세요. 도파민을 경험해야 아침에 하하하 웃으면서 벌떡 일어나는 것이 가능해집니다. 출근길이 상쾌하고 설렙니다. 거리에서 만나는 사람들이 사랑스러워 보입니다. 일할 기회를 준 회사가 고맙고 같이 일하는 동료들이 든든합니다. 이게 뭘까요. 다시 말하면 삶과 연애에 빠진 거지요. 거꾸로 도파민을 맛보지 못한 사람들은 무기력하고 게으릅니다. 목표도 없고 꿈도 없어요. 한마디로 아무 생각 없이, 개념 없이 사는 겁니다.

의미와 가치를 발견한 자는 행복하다

몰입해서 뭔가를 성취하거나 기꺼이 위험을 감수하며 어려움에 도전할 때 외에, 도파민이 또 언제 생기는지 아십니까?

그저 내 일에 자부심을 느끼고 즐겁고 신나게 할 때도 생성돼요. 그런 이들은 사회적 지위가 아무리 낮아도, 회사 내에서 직급이 말단이어도 눈빛부터 달라요. 늘 활기가 넘치고 가슴이 쫙 펴져 있습니다.

어느 날 낡은 스쿠터 한 대로 시골 동네를 누비는 우편배달부를 주인공으로 다룬 다큐멘터리를 텔레비전에서 본 적이 있습니다. 시골이니까 다 나이 많고 거동 불편한 할머니 할아버지들밖에 없어요. 그래서 우편배달부가 장을 봐서 갖다 줍니다. 그 사람이 동네에 들어서면 여기저기서 막 불러대요. 그리고 부탁을 합니다. 다음에 올 때 김 좀 사다 달라고, 식용유가 떨어졌으니 하나 부탁한다고……. 시골 오지에서 한낮에 햇볕 받고 돌아다니니 그 사람 얼굴이 얼마나 까맣게 그을렸겠어요. 그런데 그 얼굴에서 빛이 나더라고요. 피디가 이 일을 왜 하느냐고 물으니 좋아서 한답니다. 기름 값도 회사가 내 주니 얼마나 좋으냐면서 농담도 해요. 삶에서 우러나온 따뜻한 유머죠. 그 프로그램을 보면서 저는 줄곧 생각했습니다. 자기 일에서 의미와 가치를 발견한 사람은 역시 뭐가 달라도 다르다고요.

반면 제아무리 사장이고 경영자라 하더라도, 자기 일에서 왜 내가 이 일을 하는지, 삶의 의미를 못 찾고 가치를 발견하지 못한 사람은 속으로 열등감에 시달리고 늘 불안해합니다. 이런 사람의 뇌에서는 도파민이 흘러나오지 않아요. 그래서 결정적으로 삶이 행복하지 않고 만성적인 우울에 빠지게 됩니다.

가장 큰 변화는 깨어남과 거듭남

여러분이 단지 돈 벌기 위해 일을 한다면, 여러분의 뇌는 도파민을 맛볼 기회가 거의 없을 겁니다. 그러면 일을 잘하기가 더욱 어려워지고, 행복을 느끼는 지수도 점점 낮아지겠지요.

그러니 행복하게 살고 싶다면, 뛰는 가슴을 생생하게 느끼며 살고 싶다면, 일을 잘하고 싶다면 뇌를 바꾸어야 해요. 남이 안 한 것을 해 보고, 가보지 않은 데를 가보고, 또 어렵고 힘든 일에 도전하면서, 그 너머에 있는 세계를 만나야 하는 겁니다.

그런데 이미 그렇게 되어 있는 뇌를 바꾼다는 것은 쉬운 일이 아닙니다. 생각의 패턴이 굳어져서 새로운 생각이 안 나와요. 궁리해 봤자 거기서 거깁니다. 또 내가 매일 어울리는 사람들에게 도움을 기대하기도 힘듭니다. 사람은 의식의 수준대로 끼리끼리 모이는 법이거든요.

그래서 제가 하는 말이 있지요. 뇌를 바꾸려면, 내 안에 생긴 문제를 해결하려면 일단 '정지하라'. 무엇을 정지하느냐고요? 매일 보던 텔레비전 보지 말고, 매일 마시던 술 마시지 말고, 매일 만나 농담 따먹기 하던 사람들 만나지 말고, 매일 하던 불평불만 더 이상 늘어놓지 말고……

이렇게 기존의 나를 정지시키고 나면 마음이 비어요. 생각이 맑아지고 느낌이 분명해지지요. 그때 새로운 것들로 나를 채우는 겁니다. 새로운 책을 읽고, 새로운 음악을 듣고, 아침마다 달리기를 하고, 한 번도 경험해 보지 않은 수련에도 참여하고.

그중 가장 중요하고 또 필요한 건 선생님을 만나는 것이에요. 책을 통하든 수련을 통하든, 내가 바꾸어 가고 싶은 쪽으로 안내해 줄 선생님을 만나야 극적인 변화가 일어납니다. 선생님은 무수한 압력과 자극을 주어 나를 깨어나게 하는 사람이거든요.

《의식 혁명》을 쓴 데이비드 호킨스는 이런 말을 했습니다. 의식을 가만히 두면 평생을 지나도 그 상태 그대로라고요. 그런데 선생님을 만나면 어떻습니까? 의식지수 20 수치심에 사로잡혀 있던 사람이 150의 분노를 거쳐 200의 용기로 뛰어올라요. 또 175의 두려움에 갇혀 아무 도전도 못하던 사람이 310의 자발성에 이릅니다.

그래서 제가 여러분에게 늘 강조하는 것입니다.

삶은 위험한 자를 만나야 변화한다, 세상에서 가장 위험한 사람은 선생님이다, 그러니 선생님을 만나 깨지고 부딪쳐 거듭나라고요.

그래요. 거듭나지 않고서는 뇌가 새로워질 수 없습니다. 그리고 뇌가 매 순간 새롭지 않고서는 거듭날 수가 없습니다.

늘 새롭고 싶거든 물음을 던져라

제가 인도하는 수련에 오는 분들은, 스스로 걸어 들어왔든 누군가에게 억지로 떼밀려 왔든, 수련에 열심히 참여하든 아니면 마지못해서 하든, 변화의 가능성을 안고 있다고 할 수 있습니다. 수련장에 들어섬으로써 기존 생활과는 철저히 단절되거든요. 텔레비전과 휴대폰은 물론이고 시계도 없습니다. 밥도 다같이 먹고 잠도 다 같이 잡니다. 게다가 "그것이 화가 날 일입니까?" "이 가방은 누구의 것입니까?" "지금 당신은 어디에 있습니까?" "살림마을에 남을 수 있습니까?"와 같은, 생전 들어

보지 못한 물음을 수시로 던집니다. 심지어는 나무에게 가서 물어보고 달님을 쳐다보며 물어보라고도 하지요.

이 모든 상황에 적응이 안 되어 처음엔 답답하기만 합니다. 그러다 화가 나고 짜증도 올라옵니다. 그런데 참 이상한 일이지요. 철저히 새로운 환경 속에서 물음을 따라 가고 가고 또 가다 보면, 어느 순간 내면에서 폭발이 일어나니 말입니다. 이 폭발은 세상에서 가장 아름답고 신비로운 의식의 폭발입니다. 기존의 생각이 산산조각 나면서 뇌를 덮고 있던 두꺼운 껍질이 깨져 나가요. 가슴에 쌓였던 응어리들이 하나둘 풀어집니다. 또한 무기력하고 지루했던 삶에 불이 켜지면서 잃었던 열정과 설렘을 되찾기 시작하지요.

이 과정을 거친 후, 사람들은 비로소 기존과는 전혀 다른 관점에서 자기의 삶과 일에 대해 묻게 됩니다. 내가 하는 일이 과연 나의 소질과 재능에 맞는 일일까? 내가 하는 일이 내 삶에 기쁨이 되고 남의 삶에 도움이 되는가? 나는 혹시 돈과 안전만을 위해 일하고 있는 것은 아닐까? 내가 아니면 안될 일이 아니라, 누구든 할 수 있는 일에 내 삶을 걸고 있는 것은 아닐까?

즉시 결론을 내지 않아도 좋습니다. 서둘지 않아도 좋습니다. 이렇게 스스로에게 물음을 던지기 시작한 순간, 이미 뇌는 새롭게 프로그래밍 되면서 변화하고 있으니 말입니다.

그들이 알고 있는 것을 우리도 알아야

《내가 알고 있는 걸 당신도 알게 된다면》이라는 책이 있습니다. 코넬 대학교에서 노인학을 전공한 칼 필레머Karl Pillemer 교수에 의해 진행된 '인류 유산 프로젝트'의 내용을 담은 책이에요.

어느 날 필레머 교수에게 이런 생각 하나가 떠오릅니다. '만약 우리보다 앞서 산 노인들이 들려주는 삶의 지혜를 경청한다면, 다음 세대는 적어도 실수를 덜할 수 있지 않을까?' 그는 자기의 생각을 현실로 옮기기 위해 천 명이나 되는 노인들을 만나 그분들이 살아온 8만 년의 삶과 5만 년의 일, 그리고 3만 년의 결혼생활을 연구합니다. 위의 책은 그 연구를 통해 얻은 인생 최고의 지혜를 글로 옮긴 거예요. 그중 조이스 캐시어스(79세)라는 분이 들려준 이야기 하나를 인용하면 이렇습니다.

"주변을 돌아보면 나보다 부유하고 뛰어난 사람들이 있기 마련이지. 외적인 보상을 목표로 일을 한다면 언젠가는 좌절할 수밖에 없다네. 사람이란 늘 자신보다 더 많은 것을 가진 사람과 비교하기 마련이거든. 하지만 일에서 얻는 만족감이나 즐거움을 목표로 한다면 분명 성공할 수 있다네. 그런 일을 찾고 계속 그 일을 하는 것보다 더 큰 축복은 없으니까 말이야."

흥미로운 점은, 현대인의 다수는 조이스 캐시어스처럼 생각하고 있지 않다는 것입니다. 직업에 관한 현대인의 의식을 조사한 자료에 따르면, 일을 하는 목적에 대해 사람들이 주로 꼽은 것은 '원하는 것을 사려면 돈을 벌어야 하고, 돈을 벌려면 일을 해야 한다' 혹은 '미래에 권력을 얻기 위해서'라는 답변이었습니다. 또한 조사에 응한 다수는 '최소한 주변 사람들만큼은 살아야 하며, 그들보다 부유해야 성공했다고 여긴다'고 답하기도 했습니다.

그런데 인생을 살 만큼 살아본 노인들은 어떻습니까? 돈 벌라고 하지 않지요. 남과 비교하고 경쟁하라고도 안 합니다. 다만 하고 싶은 일을 하라고 권합니다. 이것이 우리 사회의 아주 평범한 현자들이 다음 세대에 남긴 위대한 말입니다.

바로 지금이 인생을 업그레이드시킬 때

오늘 강의도 얼추 끝나갑니다. 일을 왜 하는가를 주제로 여기까지 왔습니다. 다시 한 번 여러분에게 묻고 싶습니다. 일 왜 하십니까?

제가 일에 관한 강의를 할 때마다 자주 꺼내는 이야기가 있습니다. 오일장에 나와 마늘을 파는 어느 할아버지에 관한 이야기예요. 할아버지가 직접 농사지어 파는 마늘이 어찌나 좋다고 소문이 났는지, 장날만 되면 그 마늘을 사려고 전국 각지에서 몰려듭니다. 하루는 아침 일찍 서울에서 근사한 차를 몰고 어떤 신사가 나타나요. 마늘 열 접을 자기에게 다 팔라고, 값을 잘 쳐주겠다고 합니다. 그러자 할아버지가 신사의 제안을 거절하며 이렇게 덧붙입니다. "나는 한 사람에게 두 접 이상은 안 팔아요." 그에 신사가 놀라며 반문하지요. "아니, 왜요? 집에 있는 것을 가져다가 팔면 돈을 더 많이 벌 수 있을 텐데요?" 그랬더니 할아버지가 다시 이렇게 말합니다. "돈 버는 게 목적이면 그게 좋겠지요. 하지만 나는 돈 벌려고 마늘을 파는 게 아닙니다. 그보다는 마늘 팔면서 이웃들 얼굴 보고 막걸리 한잔 하며 이야기 나누는 것이 좋아서 장에 나오는 거라고요. 또 여기 앉아서 사람들 구경하는 게 얼마나 재미있는데요. 그러니 나는 장이 끝나는 오후 늦게까지 이곳에 앉아 있어야 합니다."

어떻습니까, 여러분? 이렇게 멋진 이야기를 듣고 보니, 돈 때문에 일한다는 것이 다르게 느껴지지 않습니까?

그래요. 우리 인생은 돈만 벌다 가기에는 너무 아깝습니다. 남들이 몇 평짜리 아파트에 살고 어떤 자가용을 타는지만 계산하기에는, 이 삶이 정말 크고 아름다워요. 그러니 시간당 얼마인가에만 관심을 기울이지는 마세요. 자기가 하는 일의 의미를 발견하고 가치를 찾으십시오. 내가 지금 하는 일이 스스로에게 기쁨이 되고 타인에게 도움이 되는지를 살펴보십시오. 무엇보다 하늘이 주신 나의 소질과 재능에 맞는 일인지를 묻고 또 물으십시오. 어차피 우리 다 그것 하려고 이 세상에 온 것입니다. 나의 디자이어를 발견하여 일 하려고, 그 일을 통해 사람 되고 나 되어 살려고 왔다는 말입니다. 그러니 그 일을 해야 하지 않겠습니까?

사정이 여의치 않아서 실직 상태에 있다 해도 좌절할 필요는 없습니다. 지난 강의에서도 말씀드렸듯, 지금 이 순간 내가 하는 행위에 집중하고 몰입하여 전심전력을 다하면 그에 우주가 화답해 다른 길이 열리게 되어 있어요. 그러니 난 하나를 가꿔도 최선을 다하고, 강아지 한 마리를 키워도 최선을 다하십시오. 밥 먹을 때, 숨 쉴 때, 청소하고 설거지할 때도 하나하나 알아차리며 지금을 사십시오. 그런 사람에게는 고통이 성장의 자양분이 되고 인생을 업그레이드하는 축복이 된다는 사실만 기억하면 됩니다.

그러면 나의 뇌가 기뻐하며 나를 고통 너머로 데려갈 것입니다. 이것으로 오늘 강의를 마칩니다. 고맙습니다.

3장

나는 누구인가

/ 나는 무슨 일이든 할 수 있는 사람이다 /

자기가 원하는 것을 아는 사람과 모르는 사람

서울에 '길담서원'이라는 곳이 있습니다. 성공회대에서 학생들을 가르치던 박성준 교수님이 정년퇴임 후 연 서점이에요. 어떤 곳일까 궁금해서 몇몇 분과 그리로 소풍을 갔지요. 교수님을 모시고 얘기 듣는 자리에서 누군가 질문을 했습니다. "서원을 운영하시는 이유가 뭔가요?" 그러자 대뜸 "나는 실패했어." 이러시는 겁니다. 인생에 실패했다는 거예요. 사실 박 교수님의 이력은 화려합니다. 수재 소리 들으며 서울대에 들어가 총학생회에서 운동을 하다가 감옥에도 갔지요. 유학 다녀와 대학에서 학생들 가르치고 책도 쓰셨고요. 또 한명숙 전 총리 남편으로도 유명하지 않습니까. 그런데 처음 보는 후배들에게 인생 실패했다고 하니, 순간 좀 당황스럽더군요. 그런데 이어서 하시는 말씀이 흥미롭습니다. 교수님이 볼 땐 주변 친구들이며 선후배 할 것 없이 다 실패했는데, 남들은 자기가 실패한 걸 모르고 오직 교수님 당신만 그걸 깨달았다는 거예요. 그러면서 이렇게 덧붙이십니다. "자기가 원하는 일을 못하면 그게 실패 아닌가?"

박 교수님이 원했던 일, 가슴이 뛰고 숨이 차도록 간절하게 원했던 일은 다름 아닌 혁명이었대요. 지금도 그렇답니다. 하지만 옛날처럼 봉기하는 식의 혁명은 이제 수명이 끝났잖아요. 그러니 나이 67세에 길담서원을 열어 사람들과 고전을 읽고 인문학 강의도 진행하고 또 영어도 가르치면서 사시는 겁니다. 얘기를 듣다 보니 그분 인생은 결코 실패가 아니라는 생각이 들더군요. 다른 이들의 뇌에 불을 지펴 지식 혁명을 일으키는 일을 하시고 계시니까요. 오히려 제 눈에는, 자기 자신이 무엇을 원하는지 알고 그것을 지금 상황에서 힘닿는 만큼 실천하며 사시는 그분의 모습이 무척 멋지고 아름다워 보였습니다.

이번에는 박 교수님과 반대편에 서 있는 사람의 얘기를 해볼게요. 어렸을 때부터 공부를 잘했어요. 아버지로부터 늘 너는 의사가 되어야 한다는 소릴 듣고 자랐죠. 그래서 의사가 자기의 꿈인 줄 알았고, 결국은 의사가 되는 데 성공했습니다. 집이 부자라 강남의 소위 노른자위에 산부인과도 열었어요. 말하자면 오랜 꿈을 이룬 것이죠. 그런데 그는 하나도 행복하지가 않

"자기가 원하는 일을 못하면
그게 실패 아닌가?"

습니다. 일을 하면 할수록 오히려 고통이 커져가요.

어느 날 그 사람이 말하길, 의사는 자기의 꿈이 아닌 아버지의 꿈이었다는 거예요. 그것을 이제야 비로소 알았다는 겁니다.

자신이 진정으로 무엇을 원하는지 모르면 삶이 이렇게 꼬입니다. 남들이 부러워하고 존경하는 직업을 가진다 한들 아무 소용이 없어요. 인생에서 중요한 것은 남들에게서 어떤 평가를 받는가가 아니라, '내가 얼마나 가슴 뛰는 일을 하며 나 되어가고 있는가'이니까요.

기회가 많을수록 만족도는 떨어진다

《나는 왜 일하는가》를 보면, 우리도 많이 접해 봤음직한 통계 자료가 나옵니다. 미국과 한국을 대상으로 조사하여 낸 통계입니다. 두 명 중 한 명은 자기 일에 불만을 갖고 있답니다. 또한 30퍼센트는 늘 이직을 생각하고 있고, 20퍼센트는 죽지 못해 일을 한다고 해요. 거리 돌아다니다 부딪히는 사람 중 반 정도가 그렇게 살고 있다는 겁니다. 이에 대해 흔히들 월급이나 연봉이 부족해서 그럴 거라고 생각하기 쉽습니다. 그런데 노벨경제학상을 받은 학자 대니얼 카너먼Daniel Kahneman이 조사한 내용에 따르면 미화 6만 달러, 그러니까 우리나라 돈으로 연봉 7천만 원 정도면 돈이 주는 행복은 끝난다고 합니다. 물론 일반적으로 돈을 못 버는 사람보다는 돈을 잘 버는 사람이 행복하겠지요. 그러나 어느 선을 넘어가면 더 이상 그 둘을 비례관계로 볼 수 없다는 겁니다. 그럼에도 돈만 보고 달려가는 사람들이 우리 주변에는 많습니다. 저는 이런 사람들 또한 자기가 정말 원하는 것이 뭔지 모르기에, 기존에 몸에 밴 습성에 의해 기계적으로 돈을 좇는 게 아닐까 생각합니다.

그렇다면 사람들이 자기 일에 불만을 갖는 진짜 이유는 무엇일까요? 이를 알아내기 위해 카너먼이 다시 실험을 합니다. 하버드 대학교에 사진관과 암실을 만든 후, 실험에 참여하는 이들에게 각각 열두 장씩 사진을 찍어서 빼오라고 합니다. 그런 다음 두 그룹으로 나누어 한 그룹에게는 가장 잘 나온 사진 두 장씩을 2분 안에 빨리 내라고 하고, 다른 그룹에게는 집에 돌아가서 사진을 찬찬히 살펴본 뒤 제일 맘에 드는 것 두 장을 골라 나흘 후 가져오라고 해요. 결과가 재미있습니다. 사진을 2분 만에 골라 낸 사람들에게는 후회가 없어요. 반면 4일간 심사숙고

한 사람들은 사진을 제출한 후에도 불만이 남습니다. 다른 사진이 더 잘 나온 것처럼 보여서 자신의 선택을 후회하는 거지요.

이 실험을 통해 '선택할 여지, 즉 기회가 많으면 만족도가 떨어진다'는 결론을 도출해 낸 카너먼 박사는, 이어서 다른 실험하나를 더 진행합니다. 이번에도 똑같이 사람들에게 사진을 찍게 해요. 그런 다음 사진을 지금 낼 것인지, 4일 후에 낼 것인지를 각자에게 묻습니다. 그랬더니 그중 34퍼센트만이 지금 내겠다고 답하고, 나머지 66퍼센트는 집에 가서 좀 더 살펴본 후 내겠다고 합니다. 결국 그 66퍼센트가 선택한 것은 뭐예요? 불만족이지요. 더 많은 사람들이 스스로 불만족을 유발하는 상황을 선택했다 이 말입니다.

매 순간의 선택들이 '나'로 나타나

앞서 카너먼 박사가 진행한 실험을 통해 알 수 있는 것은, 기회비용을 고려하고 따질수록 만족도가 크게 떨어진다는 사실입니다. 경제학 용어인 기회비용이란 '어떤 일을 한 결과 그로 인하여 포기된 이익'을 의미해요. 예를 들어 저는 이곳에 강의를 하러 왔기 때문에 집에서 클래식 음악 들으며 편히 쉴 수 있는 기회를 잃었습니다. 여러분도 마찬가지예요. 이 강의를 듣기로 선택했기에 다른 무언가를 잃은 겁니다.

더 쉽게 설명해 볼까요? 어떤 이는 집 평수 늘리느라 자동차를 못 바꿉니다. 또 누구는 차를 사는 바람에 해외여행을 포기해요. 일도 마찬가지입니다. 이 회사를 다니느라 저 회사를 못 다니고, 이 일 때문에 다른 일을 못해요. 그래서 자기가 선택한 하나에 만족을 못하고 다른 것을 선택할 때 얻을 수 있는 이득을 떠올리니, 늘 마음에 뭔가가 앙금으로 남는 겁니다.

유치원을 운영하는 집사람 얘기로는, 아이들도 다를 게 없답니다. 아이를 돌볼 여건이 전혀 안 되는 맞벌이 부부의 자녀들은 무엇을 하든 불만 없이 최선을 다한대요. 선생님 곁에 바싹 붙어서 배우기도 잘한답니다. 반면 할머니나 엄마가 자기를 돌볼 수 있다는 것을 아는 아이들의 태도는 어딘가 좀 다르다고 하네요. 아이들이 기회비용이라는 개념을 알 리 없지만, 무의식 중에 그런 상황 판단을 하고 있다는 증거입니다.

사실 과거에는 선택의 기회가 별로 없었어요. 삶의 양태가 비슷했다는 말입니다. 대충 공교육 정도 받고 나서 아버지가 하는 일 돕다가 그걸 직업으로 삼는 예가 흔했습니다. 하지만 지금은 시대가 달라졌습니다. 사회가 발달하고 일이 분화되면서 본인이 마음만 먹으면 뭔가를 할 수 있는 기회가 많아졌지요. 누구든지 무엇이든 할 수 있는 시대가 되었다는 말입니다. 이것은 분명 인간에게 축복이에요. 그러니 선택할 수 있음을 축복으로 알고, 그에 감사하며 적극적으로 선택의 기회를 누리는 것이 보다 현명한 태도가 아닐까요?

사실 우리는 항상 뭔가를 선택하도록 되어 있습니다. 일찍이 이를 간파한 리드 몬터규Read Montague는 《선택의 과학》에서 이렇게 말했지요. 우리들 각자는 스스로 선택한 것들의 결론이라고요. 다시 말하면 나라는 사람은 내가 이제껏 선택해온 수많은 것들이 조합되어 나타난 결과물이라는 겁니다. 그러므로 만약 누군가 어떤 상황에서 선택하기를 꺼려하고 두려워하고 불만을 품는다면, 그는 그 순간 바로 그런 태도로 살기를 선택한 거라고 봐야 합니다.

남과의 비교와 경쟁, 불행으로 가는 지름길

사람들이 일에 만족하지 못하는 이유로 밝혀진 또 하나의 요인이 있습니다. 그것은 남과의 비교와 경쟁입니다. 다들 못살고 가난하던 시절에는 남과 비교하거나 비교당하는 풍조가 심하지 않았어요. 경쟁도 그렇게 치열하지는 않았습니다. 그런데 지금은 아주 어릴 때부터 비교하고 경쟁하는 게 일상이 됩니다. 누구네 아이는 이번 시험에서 몇 점을 받았다더라, 어느 집 남편은 이번에 승진했다더라, 건너편 동에 사는 누구는 부부 동반으로 해외여행을 갔다더라, 들리는 게 전부 이런 소리 아닙니까?

입시 경쟁과 일자리를 둘러싼 경쟁의 치열함은 말할 것도 없지요. 오죽하면 입시 전쟁, 취업 전쟁이라는 말을 쓰겠습니까. 설사 그 전쟁에서 승리해 대기업에 취직한다 해도, 곧바로 또 다른 전쟁을 치를 준비를 해야 합니다. 회사 내에서 벌어지는, 직급과 승진을 둘러싼 살벌한 암투와 경쟁을 위해서 말입니다.

동창회 가보면 사람들이 얼마나 남과 자신을 비교하는 의식에 절어 있는지가 확연히 보입니다. 어릴 때 무척 잘살던 동창 하나가 있어요. 아버지가 수의사였지요. 고등학교 다닐 때 몇몇이 어울려 그 친구 집으로 우르르 몰려갔다가, 사는 수준이 너무 다른 것을 보고 다들 어안이 벙벙했던 게 지금도 기억납니다. 그 친구는 훗날 교사가 되었는데, 문제는 그가 동창회에 오기만 하면 다른 친구들하고 싸움이 붙는다는 겁니다. 이유가 뭔가 가만히 살펴보니, 안에 쌓인 열등감이 많아서 자꾸 시비를 걸더라고요. 예전에 자기보다 훨씬 못살고 공부도 못했던 것들이, 지금은 인삼농사로 돈 좀 벌고 잘산다고 큰소리치는 게 한마디로 같잖은 거예요. 그들에 비해 뭐 하나 나은 것 없는 자기 처지가 한심해서 화도 나고요. 그래서 기회만 되면 내면의 냉소와 울분이 바깥으로 터지는 겁니다.

유치한 것 같지만 누구에게나 이런 마음이 조금씩은 있습니다. 나는 소형차 타는데 남이 중형차 타고, 남들 다 집 살 때 나만 아직도 전세 살면 속상해요. 또 우리 아이가 이웃집 아이보다 공부를 못하면 그것도 화날 일이 됩니다. 그러니 만족할 수가 없지요. 오히려 자기 자신에 대한 불만, 남에 대한 원망, 그리고 삶에 대한 분노가 쌓이면서 행복은 점점 멀어집니다.

고정된 내가 있다는 믿음은 거품이다

이쯤에서 우리는 하나를 점검하고 가야 합니다. "왜 그런 상황에서 사람들은 불평하고 화를 낼까?"라는 물음을 스스로에게 던져 봐야 한다는 거예요. 남이 나보다 잘나서, 혹은 내가 남보다 못나 보인다는 이유로 불평하고 분노하는 대다수 사람들에게는 공통점이 있어요. 바로 자기를 모른다는 거지요. 다시 말하면 일이나 재산이 문제가 아니라, 자기의 진짜 정체성을 모르는 데서 삶의 모든 불행이 시작되고 있다는 겁니다.

어린 시절에 알고 지내던 동네친구를 몇 십 년 후에 만나면 얼굴을 몰라보는 경우가 흔합니다. 하물며 늘 꾀죄죄하게 하고 다니던 이가 옷만 멋지게 차려 입어도, 이 사람이 내가 알던 그가 맞는지 헷갈려요. 겉모습은 이렇게 수시로 변화합니다. 단지 외모만이 아니라 사는 곳이 바뀌고 직업이 바뀌고 성격도 바뀝니다. 심지어 국적도 바꿀 수 있어요. 그렇다면 진짜 나는 무엇일까요? 나이가 내가 아니고, 남자 여자를 가르는 성性이 내가 아니고, 외모와 취미와 일 등 모든 게 바뀐다면, 과연 고정불변한 나라는 게 있기는 할까요?

이와 관련해 《나는 왜 일하는가》에 나온 흥미로운 이야기를 나눌까 합니다. 음속 대비 속도가 얼마인지를 나타낼 때 '마하수Mach number'를 쓰지요. 여기서 마하는 오스트리아의 물리학자인 에른스트 마흐Ernst Mach의 이름에서 딴 거예요. 그런데 이 사람이 어느 날 '나 없음'을, 즉 그동안 나로 알아 온 고정된 무엇이 사라지고 모든 세계가 하나로 열려 있음을 경험합니다. "나라는 존재는 환상에 불과하다"는 것을 깨달았다는 겁니다.

마흐 이전에 이미 철학자 데이비드 흄David Hume은 이렇게 말했어요. "인간은 모든 감각의 총집합체다." 다시 말해 감각이 어떻게 집합되는가에 따라 그 사람의 외모와 행동과 의식이 달라진다는 거지요. 이 역시 고정된 건 없다는 의미입니다.

일례로 마취에 대해 이야기해 보죠. 전신마취를 하면 수술 중에 일어나는 현상들을 못 느끼고, 깨어나서도 기억을 못해요. 이는 마취를 통해 뇌에 정렬되어 있던 어떤 질서를 일시적으로 흔들어 놓았기 때문이라 합니다. 또 카그라스 증후군Capgras Syndrome이라고, 아주 특이한 경우도 있어요. 자신과 밀접한 관련이 있는 사람이나 동물, 심지어 물건이 꼭 닮은 다른 어떤 것으로 바뀌었다고 믿는 증세입니다. 뇌에 입력되어 있던 뭔가가

지워졌거나 그에 혼동이 생기면서 생기는 망상이지요.

이 두 가지만 보더라도 나의 감각과 지각과 기억이라는 것이 얼마나 취약한지 알 수 있지 않습니까? 그렇다면 내가 감각과 기억과 지각을 통해 나라고 여겨 온 것들이, 사실은 거품에 불과하다고 볼 수 있지 않을까요?

진짜 나를 알 때 고통은 끝나

기존에 내가 감각과 지각과 기억을 통해 나라고 확신했던 것이 거품이라면, 여기서 또 하나의 물음이 올라옵니다. "그렇다면 나는 누구인가?" 그래요. 이 물음이야말로 삶의 지혜와 기술을 터득하기 위해 가장 먼저 뚫어야 할 핵심입니다.

먼저 그림 하나 보겠습니다. 이 그림만 잘 이해해도 존재의 기원과 나타남, 의식의 차원을 쉽게 이해할 수 있을 겁니다.

우리 모두는 현재 지구라는 행성에서 살아가고 있습니다. 처음에 어떻게 왔습니까? 부모님을 통해 왔습니다. 무엇을 가지고 왔나요? 육체라는 하드웨어, 그리고 마음, 즉 생각과 느낌이라는 소프트웨어를 갖고 왔습니다. 그러므로 이 지구는 몸을 갖고 생각을 하고 느끼면서 살아가는 3차원 세계라 할 수 있습니다.

우리는 본래 4차원에 거하는 영이에요. 형상이 없고, 그로부터 비롯된 생각과 느낌도 없습니다. 이것을 말로 표현하자면 '없이있는' 존재입니다. 그런데 이 상태 그대로는 3차원 지구에 나타날 수 없어요. 차원이 다르기 때문이지요. 그래서 영이라는 본래의 기억을 다 지운 채, 몸과 마음을 지니고 지구에 온 것입니다.

그러면 진짜 나는 누구이겠습니까? '없이있는' 영입니까, 물질로 이루어진 육체입니까? 아니면 육체를 매개로 감각과 지각의 작용을 하는 마음입니까?

앞서 우리는 감각되고 지각되는 '나'라는 것의 실체가 얼마나 허약한지 살펴보았습니다. 그것은 끊임없이 변합니다. 알고 보면 실체가 없는 거품과도 같습니다. 그럼에도 대다수의 사람들이 그것이 자기인 줄 알고 그에 매여서 살아갑니다. 이름과 성과 직업과 외모와 성격과 취미와 돈과 생각과 느낌과 그 외의 많은 조건에 속박당한 채 말입니다.

인간의 근원적인 고통은 이처럼 자기가 아닌 것에 자기를 동일시하는 데서 시작됩니다. 실체 없이 다만 일어났다 사라지는 것들에 집착하고 그를 애써 지키려 하니, 작은 것에도 상처받고 화를 내고 불평하고 원망하게 되는 것입니다. 그래서 이 세상의 모든 현자와 스승들은 하나같이 잘못된 동일시를 바로잡고 진짜 나를 아는 길로 사람들을 이끌었습니다. 그것만이 고통을 완전히 끝내고 본래의 영을 기억하여 거듭난 삶을 살 수 있는 방법이라고 보았기 때문입니다.

생각을 깨고, 생각 밖으로

사람이 자기를 동일시하는 조건에는 수없이 많은 것이 있지만, 그중 가장 강력한 것은 다름 아닌 생각입니다. 무엇은 옳고 무엇은 그르다는 생각, 무엇은 하면 안 되고 무엇은 꼭 해야 된다는 생각, 부모는 자식에게 이러해야 한다는 생각, 남편은 혹은 아내는 이래서는 안 된다는 생각……. 이처럼 수없이 많은 생각으로 감옥을 짓고 그 안에 스스로를 가두어요. 더욱이 그 생각들 자체를 자기로 알고 삽니다. 그래서 생각이 다른 사람을 만나면 일단 강한 거부감부터 느끼지요. 또 그 사람으로부터 자기가 거부당했다고 여기고 불쾌해합니다. 단지 생각이 다를

우리는 수없이 많은 생각으로 감옥을 짓고
그 안에 스스로를 가두고 있습니다.
나를 지탱해 온, 나라고 알며 살아온
그 굳은 생각의 알을 깨야 합니다.

뿐인데 그것을 확대 해석하여 서로 상처를 주고받는 것입니다.
이 세상에 일어나는 갈등과 대립은 전부 생각의 차이에서 비롯
한다고 해도 과언이 아니에요.

　제가 진행하는 수련의 1단계 이름이 '깨어나기'인 이유는 이
때문입니다. 다른 것을 깨자는 게 아니에요. 나를 지탱해 온, 나
라고 알며 살아온 그 굳은 생각의 알을 깨자는 거지요. 그래야
생각과 느낌 세계인 3차원을 빠져나가 사실세계를 경험하고,
계속해서 영의 세계인 4차원에까지 진입하여 비로소 나의 참
존재를 깨달을 수 있으니까요.

　여러분, 술 마시면 기분이 어때요? 몸이 이완되면서 편해지
죠? 거기서 더 깊이 들어가면 알딸딸하고 몽롱해지다가 어느
순간 생각이 끊기는 때가 옵니다. 그와 동시에 자기를 짓누르
던 고민과 걱정도 사라져요. 그래서 사람들이 그렇게 술에 열
광하고 탐닉하는 겁니다.

스스로는 생각을 끊지 못하니까 술의 힘이라도 빌려서 그 너머로 가려 하는 거지요.

반면 영적인 스승들은 술이나 약물 같은 것 없이도 스스로 생각 너머로 갈 수 있는 기술을 알려줘요. 일례로 깨어나기 수련 때 "그것이 화가 날 일입니까?"를 묻습니다. 한두 번 묻고 끝내는 게 아니에요. 몇 백 번, 몇 천 번을 묻고, 스스로에게도 묻게 합니다. 그러면 어느 순간 생각이 멈추면서 알게 되지요. 그것을 화날 일로 본 것은 단지 내 생각일 뿐, 사실은 그저 그 일이라는 것을 말입니다. 물음을 통해 생각의 세계를 빠져나간 사람에게만 이런 사실의 세계가 열려요. 자기 생각 안에서는 결코 그 너머를 볼 수 없습니다.

'아이 엠'만 존재하는 텅 빈 세계

일단 생각을 끝내고 사실의 빛을 본 사람은 존재계, 즉 4차원으로 진입해 '참나'를 경험하기가 쉬워집니다. 수련 2단계 알아차리기 수련에서 이것을 집중적으로 다루는데, 그때 제가 자주 들려주는 이야기 하나가 있습니다.

교회에 다니는 김말숙 집사가 병에 걸려 어느 날 큰 병원 중환자실에 입원을 합니다. 주사를 맞고 설핏 잠에 들었다가 꿈을 꾸지요. 눈앞에 하얀 제단이 보이고, 거기서 어떤 음성이 흘러나옵니다. "너는 누구냐?" 김 집사가 깜짝 놀라 이름을 댑니다. "김말숙입니다." 그러자 그 음성의 주인공이 다시 묻습니다. "나는 너의 이름을 묻지 않았다. 너는 누구냐?" 이에 김 집사가 세 아이의 엄마라고 답했습니다. "나는 네 자식이 몇 명인지, 누구 엄마인지 묻지 않았다. 너는 누구냐?" 하고 또 묻습니다. 당황한 김 집사는 제 나이를 말하고, 어느 학교에서 무엇을 전공했는지를 밝힙니다. 또 평소 즐기는 취미와 좋아하는 음식이 무엇인지도 얘기합니다. 그런데 그때마다 "나는 네 나이와 전공과 취미를 묻지 않았다." 하며 계속해서 "너는 누구냐?"고 물어보는 겁니다. 그렇게 끝나지 않는 질문과 대답을 이어가다가 마침내 꿈에서 깨어난 김 집사는, 그제야 비로소 깨닫습니다. 지금까지 나라고 생각해 온 것들이 사실은 내가 아니라는 것을, 진짜 나는 그 모든 것 너머에 존재한다는 것을 말입니다.

김 집사는 여태 무엇을 자기로 알고 살았습니까? 나이, 전공, 이름, 취미……. 그런데 알고 보니 그것들은 단지 나를 설명하고 수식하는 것들일 뿐입니다. 이를 사실로서 깨닫는 순간 '아이 엠I am' 뒤에 붙어 있던 엄청나게 많은 것들이 다 떨어져 나가요. 아무리 머리를 굴려 봐도 그 자리에 붙일 말이 없습니다. 진짜 나는 '없이있는' 존재이기 때문입니다. 그래서 결국은 '아이 엠'만 남지요. 뒤는 비어 있어요. 이는 곧 나는 완벽하게 텅 빈 무無이자 공空임을 의미합니다.

1퍼센트, 그 안에 든 무한한 가능성

《나는 왜 일하는가》에는 인간의 뇌와 구조에 대한 설명이 잘 정리되어 있어요. 이것을 뇌과학에 빗대어 설명하면 이렇습니다. 인간의 뇌가 지금의 수준으로 진화한 과정을 살펴보면, 기존의 뇌가 새로운 뇌로 완전히 바뀌는 게 아니라 저급한 것 위에 고급한 것이 더해지는 식으로 진행이 되어 왔습니다. 예를 들면 파충류의 뇌에 뭔가 새로운 요소들이 덧씌워지면서 포유류의 뇌가 되는 식이지요. 또 포유류의 뇌에 더 진보한 요소들이 결합되면서 영장류의 뇌가 되고요. 그러니까 뇌 전체로 보면 진화가 된 셈이지만, 그 안에는 여전히 저급한 수준의 뇌가 남아 있다는 말이 됩니다.

그렇다면 가장 진화했다는 인간의 뇌가 지닌 가장 큰 특징은 무엇일까요? 그것은 대뇌반구를 이루는 신피질과 변연계입니다. 이것이 발달했기에 고등의 정신작용이 가능하다고 해요. 뇌과학자들은 그중에서도 우리 뇌의 1퍼센트에 해당하는 변연계의 무한한 변화 가능성에 주목합니다. 나머지 99퍼센트는 이미 고정되어 있고 대개 그 상태로 유전되지만, 변연계는 죽기 직전까지 계속해서 진화하고 발전한다는 거예요. 그러니 우리가 어떻게 의식을 성장시키고 삶의 질을 높이는가는 결국 그 1퍼센트에 달려 있는 것 아니겠습니까?

그렇게 보면 1퍼센트라고 해서 단지 1퍼센트만은 아닌 거지요. 그것을 수치로 가늠한다는 것은 불가능해요. 그런 점에서 우리 뇌의 변화하는 그 작은 부분이야말로 '아이 엠' 뒤에 펼쳐진 텅 빈 세계, 즉 공이자 무한이라고 할 수 있습니다. 변화의 가능성으로 가득한 그 뇌를 어떻게 활용하고 훈련하는가는 온전히 각자의 몫이에요. 그에 따라 나는 누구고 무엇을 하는가가 결정됩니다.

여러분, 뇌를 훈련하고 변화시키는 핵심은 '외부의 자극에 어떻게 응답하도록 만들 것인가'입니다. 외부에서 어떤 자극이 가해질 때, 그로 인해 뇌가 작동을 시작해 반응을 보이기까지 걸리는 시간이 보통 90초라고 해요. 예를 들어 누군가 나를 욕하면 90초 안에 화를 내게 된다는 거지요. 그런데 이때의 반응은 이미 고정된 99퍼센트의 뇌에서 나온답니다. 다시 말해 저급한 요소를 품고 있고 오래도록 그렇게 학습되어 온 뇌의 작동으로 습관적인 반응을 하게 된다는 얘기죠. 반면 90초 이후에는 우리 자신의 의지로 1퍼센트의 뇌를 가동시켜 새로운 반응을 하도록 만드는 것이 가능하대요. 쉽게 말하면 누가 내게 시비를 걸면서 욕을 할 때 90초만 반응을 자제하면서 기다리면, 평소처럼 욕하고 화냄으로써 되갚아주는 대신 다르게 응답할 수 있다는 겁니다.

고정된 뇌에서는 늘 같은 반응이 나오기 때문에 신경충격을 각 세포로 전달하는 시냅스들이 서로 연결될 필요가 없습니다. 반면 과거와는 새로운 반응을 시도하면 시냅스에 불이 켜지면서 서로 연결되기 시작하지요. 습관적인 반응을 정지시키고 새로운 것을 선택하여 응답할 때, 그리고 이것을 지속적으로 훈련할 때 우리 뇌가 활발하게 돌아가며 거대한 변화를 겪는 것은 바로 이 때문입니다.

삶을 창조하는 비움과 채움의 원리

고정된 뇌에서는 고정된 반응이 나오기에 삶도 고정됩니다. 습관적으로 화내는 사람은 늘 화 속에서 살고, 툭하면 무기력과 우울증에 빠지는 사람은 늘 그 속에서 허우적댑니다. 이것을 변화시키고 싶다면, 그래서 무의식에 질질 끌려 다니는 대신 내 운명을 새로 창조하고 싶다면 스스로 뇌를 훈련시켜 바꿔야 해요. 그 방법 말고는 없습니다.

이를 가장 알기 쉽게 표현한 글 하나를 보도록 하지요.

In The Space
공간 속

Between stimulus and response, there is a space.
자극과 응답 사이에는 공간이 있다.

In that space, lies our freedom and power to choose our response.
그 공간 안에는 각자가 자기 자신의 응답을 선택할 자유와 힘이 있고,

In our response, lies our growth and happiness.
어떻게 응답하는가에 따라 우리의 성장과 행복이 달려 있다.

자극과 응답 사이에 공백이 있습니다. 이 공백과, 아이 엠 뒤로 펼쳐진 텅 빈 무의 세계, 그리고 무한한 변화 가능성을 지닌 채 비어 있는 1퍼센트의 뇌는 다 같습니다. 공통점이 뭐예요? 비어 있다는 거지요. 그래서 내가 채워 넣기 나름입니다. 한 번 채우고 끝이 아니에요. 채운 것을 비우고, 또 더 새롭고 나은 것을 채우고. 이것이 삶을 계속해서 새롭게 창조해 나가는 비결입니다.

여러분, 기존의 것들을 정지시키고 새로운 것으로 채워가는 훈련을 너무 어렵게 생각하지 마세요. 일상의 작은 습관 하나를 바꾸는 데서부터 시작하면 됩니다. 당장 일어나는 습관을 바꿔보세요. 시계 알람이 울리는 즉시 하하하 웃으면서 벌떡

일어나는 겁니다. 일어나기 싫다는 생각이 밀려오면 그걸 알아차리고, 스스로 일어날 수 있는 팔다리가 있는 것에 감사하는 생각으로 전환하세요. 또 일하러 갈 수 있는 직장이 있음을 기뻐하세요. 이런 식으로 무의식적인 반응을 멈추고 다른 생각과 행동을 선택해서 끌어들이는 겁니다. 그러면 시냅스들에 불이 켜지면서 연결됩니다. 미엘린이 생겨나서 신경회로가 바뀌어요. 이에 따라 의식의 수준이 상승하고, 의식지수가 올라갈수록 우리 뇌의 빈 곳은 더 기쁘고 좋은 생각들이 끊임없이 샘솟는 우물이 됩니다.

의식의 성장이 최고의 희망이다

뇌의 훈련과 의식지수의 상승은 늘 같이 갑니다. 그래서 뇌의 차이가 곧 의식 수준의 차이가 되고, 그게 곧 사람의 차이와 삶의 차이로 이어집니다. 의식 수준의 개념이 잘 안 잡히는 분은 데이비드 호킨스 박사가 만든 의식지수 표를 참고하세요. 그러면 내 의식이 어디쯤 있는지, 어디서 어디로 향하고 있는지가 보일 겁니다.

신의 관점	세속의 관점	수준	수치	감정	과정
참나	있음	깨달음	700~1,000	형언할 수 없는	순수 의식
전존재	완벽한	평화	600	지복	빛 비춤
하나	완전한	기쁨	540	평온	변모
사랑하는	온건한	사랑	500	경외	드러남
현명한	의미 있는	이성	400	이해	추상
너그러운	조화로운	수용	350	용서	초월
영감을 주는	희망적인	자발성	310	낙관주의	의도
할 수 있게 해 주는	만족스러운	중립	250	신뢰	풀려남
허락하는	실행할 수 있는	용기	200	긍정	힘의 부여
무관심한	요구가 많은	자부심	175	경멸	팽창
복수심을 품은	적대하는	분노	150	미움	공격
부정하는	실망스러운	욕망	125	갈망	노예화
벌하는	겁나는	두려움	100	불안	위축
냉담한	비극적인	슬픔	75	후회	낙담
선고하는	희망 없는	무감정, 증오	50	절망	포기
보복하는	악	죄책감	30	비난	파괴
멸시하는	가증스러운	수치심	20	굴욕	제거

위의 표를 보면 알겠지만 의식지수 100 이하의 사람은 수치
심과 죄의식과 두려움으로 꽉 차 있습니다. 그래서 다른 밝고

긍정적인 생각과 느낌이 끼어들 틈이 없습니다. 표정은 늘 어둡고 하는 말마다 부정적이에요. 또 걸핏하면 화내는 사람들, 자존심 내세우며 남을 무시하고 경멸하는 사람들, 남 탓과 변명이 몸에 배어 책임지지 않으려는 사람들이 있지요? 이런 이들도 전부 의식지수 200아래의 낮은 동네에서 사는 주민들입니다.

반면 의식이 200의 용기에 이르면, 그때 비로소 기존의 것을 비우고 새롭게 채울 의지를 냅니다. 또한 그럴 수 있는 힘을 스스로 갖게 되지요. 거기서 더 올라가 310 자발성 이상이 되면 못할 일이 없어져요. 무엇이든 스스로 책임지는 모습을 보입니다. 더 이상 누구 탓을 하거나 핑계를 대거나, 불평불만을 품지 않게 된다는 말입니다. 그러다 500, 600으로까지 상승하면 있는 그대로의 사랑과 평화가 돼요. 이런 사람은 무엇을 해도 자연스럽지요. 우주가 그의 편이 되어 다 도와주기에, 특별히 뭘 하려고 애쓰지 않아도 삶이 아주 아름답고 풍요로워집니다.

제가 진행하는 수련 코스의 명칭이 왜 '의식 변화 프로그램'인가 하면, 그만큼 제가 이 의식을 중요하게 보기 때문입니다. 존재로 보면 우리는 다 같은 영靈이지요. 그러나 이 지구에 나타난 이상 영으로만 살 수는 없어요. 그래서 사람마다 차이가 생기는데 그것이 곧 의식의 차이입니다. 어느 정도로 차이가 나는가 하면, 의식에 따라 내가 누구고 무엇을 할 수 있는가에 대한 선택이 달라져요. 그래서 의식이 낮은 사람은 참나를 알 수가 없지요. 또 자기의 디자이어를 발견할 수도 없습니다. 결국 의식을 성장시키지 않으면 고정된 상태의 저급한 뇌가 시키는 대로만 기계적으로 살게 됩니다.

그런데 정말로 중요한 건, 이 의식이 고정돼 있지 않기에 내가 성장시킬 수 있다는 것입니다. 예를 들어 내 의식 수준이 현재 가장 밑바닥인 20에 있다 해도, 그게 나는 아니라는 거지요. 그건 내 의식일 뿐이므로 내가 끌어올리기로 결정하고 실행하면 됩니다. 그런 점에서 기회는 만인에게 평등해요. 단 그것을 잘 활용해서 성장하는 사람과, 그렇지 못하고 퇴보하는 사람이 있을 뿐입니다.

명상, 나를 새롭게 하는 최고의 기술

의식을 성장시키는 데 가장 효과적인 방법 가운데 하나는 명상입니다. 명상은 다른 말로 하면 '바라봄'이에요. 내 생각을, 행동을 바라보는 겁니다.

그런데 뭔가를 바라보려면 먼저 바라보려는 대상 밖으로 나와야 하지요. 집을 보려면 집 밖으로 나오는 것과 마찬가지 원리입니다. 그래서 명상을 할 때는 다른 것들을 다 일단 정지하고, 오직 자기 자신에게만 집중하여 관찰하는 것이 좋습니다. 가능하면 일주일에 하루를 정해, 그날은 사람도 안 만나고, 텔레비전 플러그도 빼놓고, 술도 마시지 않고, 가급적 침묵을 지키는 겁니다. 일주일에 하루를 온전히 바치는 게 불가능하다면, 일 년에 한두 번 수련장에 들어가 집중적으로 명상을 해도 좋습니다.

명상을 어렵게 생각하는 분들을 위해 가장 쉬운 명상법을 소개하면 이렇습니다. 아침에 눈을 뜨면 가장 먼저 "오늘을 주셔서 고맙습니다." 하고 인사하는 거예요. 하늘에게 땅에게, 그리고 자기 자신에게 감사하는 마음을 갖는 거지요. 그런 다음 천천히 자리에서 일어나면서 손가락, 발가락, 목과 얼굴 등 내 몸의 움직임을 하나하나 다 알아차립니다. 그러고는 잠시 가만히 앉아서 숨을 관찰합니다. 나가는 숨, 들어오는 숨, 그리고 그 사이의 미세한 틈까지 놓치지 않고 관찰하는 겁니다. 그러면 그때만 느껴지는 평화와 부드러움, 고요함을 만날 수 있어요.

그것도 힘든 사람은 무조건 "고맙습니다."만 해도 좋습니다. 아침식사를 하면서도 고맙습니다, 신발을 신으면서도 고맙습니다, 또 길거리에서 청소하는 분을 보면서도 "고맙습니다." 하는 거예요. 겉으로 드러내도 좋고 속으로만 해도 좋습니다. 한 반나절만 이렇게 해도 그날 하루가 달라집니다. 그리고 하루가 달라지면 평생이 달라지지요.

아침에 눈을 뜨면 가장 먼저
"오늘을 주셔서 고맙습니다."
하고 인사를 합니다.
명상을 습관화하면 눈이 밝아지고
귀가 열리고 마음이 깨끗해집니다.

　어떤 식으로든 명상을 습관화하면 눈이 밝아지고 귀가 열리
고 마음이 깨끗해집니다. 자기의 생각과 행동이 보이고, 그것을
알아차리는 힘도 커집니다. 그래서 입력된 정보에 끌려가지 않
고 더 나은 방향으로, 더 행복해지는 쪽으로 자신의 생각과 행
동을 만들어갈 수 있습니다. 그런 점에서 명상은 무의식의 영
역에 있던 것을 의식으로 끌어올려 뇌를 훈련하는 최고의 기술
이라고도 할 수 있습니다.

자신의 삶은 스스로 선택하고 결정하는 것

여러분, 오늘은 '나는 누구인가'에 대해 주로 강의를 했습니다.
단순하게 정리하면, 진짜 나는 영이라는 겁니다. 없어요. 아니,
없이있습니다. 그런데 이 세상에 나타날 때는 몸과 생각과 느

낌을 갖고 와요. 그러니 그걸 잘 쓰고 가는 게 우리의 삶입니다. 문제는 대다수의 사람들이 그걸 잘 쓰는 방법을 몰라서 행복이 아닌 불행 쪽으로 자기 스스로를 몰아간다는 것입니다.

오늘 저는 그것을 잘 사용하는 원리에 대해 주로 강의를 했습니다. 다른 생명체와 달리 인간의 뇌는 고정돼 있지 않습니다. 고정돼 있지 않다는 것은 무한히 변화할 수 있음을 의미합니다. 우리의 의식도 그래요. 어느 하나에 못 박혀 있는 것이 아니기에, 내가 하기에 따라 죽을 때까지 진화시키고 성장시킬 수 있습니다. 인간이 지닌 가장 큰 선물이 있다면, 아마도 이것이 아닐까 싶습니다. 이런 선물이 주어지지 않았다면 우리는 입력된 정보에 의해 움직이는 기계로, 혹은 저급하고 파괴적인 파충류의 뇌만을 작동시키며 살아갈 수밖에 없을 테니까요.

성경을 보면 예수가 물 위를 걸었다고 기록돼 있습니다. 왜 예수는 멀쩡한 땅을 놔두고 물 위를 걸으셨을까요? 거기서 말하는 물이 정말로 물일까요? 제가 볼 때 그 물은 인간의 무의식입니다. 말하자면 물 위를 걸은 예수는 무의식에 빠져 그에 끌려가는 대신, 스스로의 의식으로 삶을 선택하고 결정하는 위대한 인간의 모습을 보여 주는 전형인 것입니다.

여러분, 우리도 이렇게 예수처럼 살아보는 게 어떻겠습니까. 욕심을 낼 필요는 없어요. 다만 하루에 1퍼센트씩만 내 의식을 알아차리고 변화를 시도해 보는 겁니다. 그러면 100일째 되는 날엔 완전히 새로운 의식을 지닌 '하늘사람'으로 거듭나겠지요. 진정한 거듭남이란 이런 것입니다. 어머니 자궁에 다시 들어갔다 나오는 게 아니라, 내가 나를 다시 탄생시키는 것이 우리가 이뤄야 할 거듭남이라는 얘기입니다. 또한 이것이야말로 우리가 사는 동안 꼭 한 번은 경험해야 할, 가장 놀라운 기적임을 잊지 마십시오.

　이것으로 오늘 강의를 마칩니다. 고맙습니다.

4장

나는 무엇을 원하는가

/ 나의 의식이
내 디자이어와 삶의 수준을 결정한다 /

마이너스 의식, 플러스 의식

대도시의 깨끗하고 화려한 동네에 행색이 남루한 노인 하나가 길모퉁이에 기대어 있습니다. 수많은 사람이 그 노인 곁을 스쳐 지나갑니다. 누군가 그 행인들을 대상으로 조사를 했어요. 저 노인을 볼 때 가장 먼저 드는 생각이 무엇이냐고 말입니다.

혹자는 더럽고 구역질 나는 노인네라며 저런 사람이 자기 동네에 어슬렁대는 게 창피하다고 합니다. 또 어떤 사람은 노인이 스스로 삶을 포기했다며, 저런 이를 보호하지 못하는 사회를 비난합니다. 이 외에도 친구 하나 없이 말년을 비참하게 보내는 고독한 노인이다, 사회에 해악을 주는 존재니 무슨 일 저지르기 전에 빨리 경찰을 불러야 한다 등 다양한 대답이 쏟아집니다.

참 재미있지 않습니까. 여기서 '사실'은 어느 노인이 남루한 차림으로 길 모퉁이에 서 있다는 것입니다. 그런데 그걸 보는 사람들의 '생각'은 다 다릅니다. 그 이유는 각자가 지닌 의식 수준이 달라서 그래요. 예를 들어 더럽고 구역질 나는 노인네로 본 사람은 의식 수준이 가장 밑바닥인 수치심(의식지수 20)에 매여 있어요. 또 비극적인 말년을 보내는 노인이라고 본 사람은 슬픔(의식지수 70)에 빠져 살지요. 그러고 보니 다 자기의 의식을 바깥의 상대에게 투사하고 있죠?

이번에는 의식지수가 높은 이들의 생각을 한번 살펴보겠습니다. 200의 용기 수준에서는 근처에 집 없는 사람을 위한 시설을 알아봐서 소개해야겠다는 생각을 해요. 350 포용 수준이 되면 노인이 어떤 이유로 그런 처지에 빠졌는지 알아봐야겠다는 생각을 하고요. 또 500인 사랑에 이르면 노인을 오히려 세속에 초탈한 자유인으로 보고, 600의 평화에서는 자기와 그 노인 사이의 분리감을 전혀 느끼지 못하는 상태에까지 다다릅니다.

사실은 하나지만 이처럼 생각은 다양합니다. 그 다양한 생각들을 또 둘로 단순화하면 마이너스와 플러스로 분류할 수 있지요. 의식지수 200 아래에서는 사실을 안 좋은 쪽으로 왜곡해서 항상 마이너스 생각들을 가져다 씁니다. 반면 200 이상의 의식 수준에서는 사실을 바탕으로, 긍정적이고 행복한 방향의 생각들을 끌어냅니다.

생각을 사실로 믿지 말고, 사실 위에서 생각하기

살림마을을 만들고 20여 년 동안 수많은 사람에게 수련을 안내해오면서, 의식지수 200 아래에서 사는 이들을 숱하게 만나봤습니다. 그런 분들이 주로 수련을 하러 오시니까요. 죽어라 마이너스 방향으로만 달려가다가, 어느 날 문득 자신의 삶이 뭔가 잘못돼도 크게 잘못됐다는 걸 느끼고 오는 겁니다. 이런 분들에게서 나타나는 가장 큰 특징은 사실과 전혀 상관없는 자기 마음, 곧 생각을 사실로 철석같이 믿는다는 거예요. 그 믿음이 얼마나 맹목적인가 하면, 자기의 생각을 한 번 점검하려 들지도 않습니다. 의심도 안 해요. 오히려 남들에게까지 그것을 사실로 받아들이라고 강요를 하지요. 그래서 툭하면 갈등과 대립 상황에 놓이게 됩니다.

이런 분들을 앉혀 놓고 제가 하는 얘기가 있습니다. 화살 백 발을 쏘면 백 번을 다 사냥감에 명중시킨다는, 그 유명한 '백발백중'의 사연입니다.

백발백중이라는 사람이 있어요. 왕이 사냥을 나가면서 그를 데리고 갑니다. 정말로 한 방에 한 마리씩 정확히 맞춥니다. 왕이 신기해서 어떻게 단 한 방에 잡을 수 있느냐고 물어요. 그랬더니 그가 하는 말이 이렇습니다. 저는 사냥감이 백 보 안에 들어와야 쏘지, 그 전에는 안 쏩니다. 그러자 왕이 발끈 성을 냅니다. 백 보 안에 들어온 것만 쏜다면 누가 그걸 못 맞추겠느냐는 거죠. 그랬더니 백발백중이 이렇게 말합니다. "맞습니다, 임금님. 그런데 다른 사람은 백 보 바깥의 것을 보고도 맞출 수 있을 거라 생각해서 쏘지 않습니까? 저는 다만 그런 생각을 믿지 않을 뿐입니다."

이 이야기가 전하려는 메시지가 무엇인지 아시겠습니까? 많은 사람이 자기 생각을 사실로 착각하거나, 어디서 대충 보고 들은 것을 사실로 여기며 삽니다. 또 어떤 사람은 과거에 사실이었던 것은 지금도 여전히 사실일 거라고 믿습니다. 확인도 안 해 보고, 단지 그러리라고 추정하는 거지요. 한편 아직 일어나지도 않은 헛된 망상을 현실로 착각하며 사는 이들도 있습니다. 아무런 근거 없이 이번엔 꼭 로또에 당첨될 거라느니 이 회사 주식이 오를 거라느니 하는 사람들이 있잖아요. 이런 사람은 결국 돈 잃고 사람 잃고 폐인이 되기 십상이죠.

이런 분들에게 꼭 들려주고 싶은 이야기가 하나 있습니다. 알렉산더 대왕이 9세쯤 되었을 때 일어난 일화예요. 당시 알렉산더는 다른 귀족의 자녀들과 아리스토텔레스 밑에서 공부를 하고 있었지요. 하루는 스승인 아리스토텔레스가 아이들에게 묻습니다. 너희가 훗날 크면 다들 이 나라의 고위직이 될 텐데 그때 나에게 무엇을 해주겠느냐. 그러자 어떤 아이는 집을 지어드리겠다 하고, 또 어떤 아이는 세상에서 가장 맛있는 음식을 대접하겠다고 합니다. 또 다른 아이는 먼 나라로 여행을 보내 드리겠다고 해요. 그런데 오직 알렉산더만이 가만히 있기에 아리스토텔레스가 묻습니다. "너는 내게 무엇을 해 줄 것이냐?" 그러자 그 어린 알렉산더가 이런 말을 합니다. "아직 그때가 안 됐는데 제가 어떻게 선물을 합니까?" 이를 들은 아리스토텔레스가 크게 기뻐하며 아주 대견해했다고 합니다.

그 많은 아이 중에 사실을 정확히 본 것은 알렉산더뿐입니다. 우리는 오직 지금만을 살 수 있어요. 그러하기에 아직 일어나지 않은 미래의 일을 사실처럼 말할 수는 없습니다. 깨달음이 있다면 이런 게 깨달음이지요. 생각을 믿는 대신 사실을 알고 받아들이는 데서 깨달음이 시작되는 겁니다.

존재와 나타남 사이에 욕망이 있다

사실을 있는 그대로 받아들였다면, 그다음은 사실 위에서 얼마나 더 좋은 생각을 펼치느냐가 중요합니다. 그것은 전적으로 내 의식에 달려 있습니다. 낮은 의식에서는 저급한 생각이 나오고, 높은 의식에서는 고급한 생각들이 나올 수밖에 없다는 거지요. 그래서 의식의 차이가 생각의 차이로 드러나는 것입니다.

따라서 사람이 자기를 변화시킨다는 것은 결국 자기의 의식을 변화시킨다는 것을 의미합니다. 변화시킬 나는 없어요. 오직 무한히 변화가 가능한 의식만 있을 뿐입니다. 지난 강의 시간에 들은 것을 한 번 떠올려 보세요. 우리가 지금껏 나로 알고 살아온 이름과 직업과 성격과 외모 등등은 단지 내가 이 세상에 나타나면서 달게 된 수많은 꼬리표 중 하나입니다. 이런 것들을 다 빼니 '아이 엠'만 남지요. 나는 그저 나입니다. 그 외에는 아무것도 없어요. 없어서 영靈이자 0이에요. 그래서 참나의 존재를 '없이있음'이라 하는 겁니다. 이런 나, 공空이고 무無여서 아무것도 걸릴 것이 없는 무한한 존재가 바로 나임을 알고 경험하는 것이 인간 최고의 깨달음입니다.

그런데 이런 내가 어떻게 몸을 입고 형상화되어 이 세상에 나타났을까요? 또 우리가 사용하는 휴대폰과 자동차와 컴퓨터 등의 수많은 물건, 지금 우리가 모여 앉은 이 건물, 또 제가 하는 이 강연은 어떻게 나타난 것일까요? 나타나는 모든 것은 욕망, 즉 디자이어Desire에서 기인합니다. 사람은 사람이 되고자 하는 욕망 때문에 세상에 나타납니다. 소나무도 여우도 장미꽃도 다 그렇습니다. 우리가 사용하는 물건들도 그것을 필요로 하는 이들의 욕망으로 인해 나타났어요. 조선시대에는 스마트폰이란 게 없었죠. 그 시대에는 그와 같은 것을 원하는 욕망 자체가 없었기 때문에 나타날 수가 없던 거예요. 그럼 욕망들은 언제 나타나느냐고요? 필요할 때, 즉 때가 되어 나타나는 겁니

사람이 자기를 변화시킨다는 것은 결국
자기의 의식을 변화시킨다는 것을 의미합니다.
변화시킬 나는 없어요.
오직 무한히 변화가 가능한
의식만 있을 뿐입니다.

다. 종교적으로 말하면 이것이 신의 뜻이고 섭리입니다.

이 지구의 만물 중에 인간은 나타남의 변화를 가장 역동적으로 보여 주는 대상입니다. 개는 개로 태어나 그냥 개로 죽습니다. 하지만 인간은 세상에 일단 나타난 이후 계속해서 변화해 갑니다. 아기로 와서 소년소녀가 되었다가 청년이 되고 직장인이 되고 부모가 됩니다. 또 수많은 물건을 만들어 내고 일들을 발생시키지요. 이는 인간만이 고도의 의식과 욕망을 지니고 있어서 가능한 것입니다.

인간의 본성은 무고 공이어서 비어 있어요. 그래서 그때그때 자신이 욕망하는 것으로 나타날 수 있고 표현할 수 있습니다. 그런데 욕망에도 수준이 있지요. 이는 의식의 수준과 비례합니다. 의식 수준이 낮으면 욕망도 어떻게 먹고살 것인가의 차원에 그치는 반면, 의식 수준이 높은 사람은 더 창조적이고 아름

다운 것, 더 많은 이들에게 도움이 되는 것을 꿈꾸고 실현해 나
갑니다.

자기 가슴과 접촉하지 못하는 사람들

존재와 나타남을 과학적인 용어로 하면 파동과 입자입니다. 이
시대를 가리켜 흔히 영성의 시대, 의식 혁명의 시대라고들 하
는데, 이를 파동 문명의 시대라고 해도 의미는 다르지 않습니
다. 인간이 의식을 성장시키고 진화시켜서 자기 안의 진짜 욕
망을 발견해 실현할 때, 잠재돼 있던 파동이 입자로 전환되어
나타나기 때문입니다.

이런 일은 오직 인간만 합니다. 사람만 뇌의 비어 있는 1퍼센
트를 무한히 활용해 변화할 수 있고 성장할 수 있어요. 그래서
내가 이 지구라는 거대한 무대 위에서 직접 삶의 극본을 쓰고
연출을 하고 배우도 할 수 있는 겁니다.

그런데 이 모든 것이 의식, 즉 욕망에 의해 결정되기에, 그 수
준이 낮으면 아주 질 낮은 드라마밖에 만들 수가 없습니다. 반
대로 내 의식과 욕망의 수준이 높으면 대대손손에게 귀감이 되
고 도움이 될 훌륭한 작품을 남기고 갈 수 있지요. 본능에 불과
한 저급의 욕망은 누구나 갖습니다. 다들 그렇게 살아가잖아요.

먹고 마시고 취하고 섹스하고 돈 벌기 위해 일을 합니다. 반면 자기의 진짜 욕망, 곧 수준 높은 의식에서만 나오는 고급의 욕망을 발견하여 실현하는 사람은 얼마나 될까요?

지금은 그래도 욕망이라는 단어를 사용하는 게 그리 어색하지는 않지요. 하지만 수준의 높고 낮음을 떠나서 욕망 자체를 터부시하던 시대가 있었습니다. 봉건적이고 폐쇄적인 종교가 지배하던 중세에는 욕망을 드러내는 것만으로도 맞아 죽거나 이단으로 몰렸어요. 그러다 십자군 전쟁이 끝난 것을 계기로 대이동이 시작되면서 사람들의 눈이 서서히 열려갔습니다. 다른 지역에 가서 다른 시대의 문명을 보고 듣고 경험함에 따라, 자신들이 그동안 얼마나 욕망을 억압하며 살아왔는지 알게 된 겁니다. 그 이후 여기저기서 신의 뜻이나 종교 교리가 아니라 자기 자신, 즉 자기의 욕망을 표출하려는 움직임이 생겨나고, 이것이 하나의 거대한 흐름을 형성하여 마침내 르네상스 시대를 열지요. 시오노 나나미는 이 르네상스를 가리켜 "보고 싶고 마시고 싶고 표현하고 싶은 욕망의 폭발"이라고 해석했어요. 그만큼 그 시대에 개개인의 욕망이 분출되어 새로운 문명의 꽃을 피웠다는 거예요.

현대사회는 르네상스 시대와는 비교가 안 될 정도로 발달했습니다. 이는 다시 말하면 욕망이 그만큼 진화했다는 거지요. 그런데 이런 시대를 살아가면서도 자기 내면의 욕망을 부정하고 감추고 억압하는 사람들이 의외로 많습니다. 심지어 본인이 그런 줄도 모르고 살아요. 그러다 수련을 경험하고 나서야 겨우 그걸 발견하고 이렇게들 말합니다. 그동안은 나로 산 게 아니었다고, 나는 그저 빈껍데기였다고, 지금껏 헛살았다고 말입니다.

경제적으로, 가정적으로 아무 문제가 없는 사람들이 왜 그런 말을 하겠습니까. 자기 욕망대로, 가슴이 이끄는 대로 살지 못했기 때문이에요. 어려서는 부모가 시키는 대로 하고, 커서는 세상이 하라는 대로 따라했지요. 그래서 착한 아이다, 성실한 모범생이다, 좋은 엄마다, 듬직한 가장이다, 이런 평가를 받았습니다. 그런데 정작 뭐는 못했어요? 자기가 정말 원하는 것은 다 놓치고, 자기의 영혼이 들려주는 목소리에 전혀 귀 기울이지 못했어요. 그래서 어느 시기가 되면 그토록 삶이 허무해지고 아프고 시린 겁니다.

느끼고 싶은 감정은 더 느끼고, 피하고 싶은 감정은 극복하고

그러면 어떻게 자기의 욕망과 만나고 접촉할 수 있을까요? 물론 여기서 말하는 욕망은 인간이라면 누구나 지니고 있는 낮은 차원의 욕망이 아닌, 자기 가슴에서 우러나오는 진짜 욕망을 말합니다. 그걸 알아내는 통로가 있어요. 그게 바로 '느끼고 싶은 감정'입니다.

어떤 때 자기의 가슴이 가장 뛰는가. 이것이 느끼고 싶은 감정을 찾는 기준이에요. 어떤 사람은 완벽함을 느끼고 싶어 합니다. 자기가 완벽하게 뭔가를 해내고 있다는 기분이 들 때 가장 설레요. 이런 사람은 다른 이가 일을 건성건성 대충하는 것만 봐도 짜증이 납니다. 또 어떤 사람은 남을 돕고 봉사할 때가 가장 행복해요. 비록 자기가 얻는 것이 없어도 삶의 진정한 기쁨을 느끼지요.

이런 식으로 사람마다 느끼고 싶은 감정이 조금씩 다 다릅니다. 그것을 아홉 개의 원형으로 분류하여 정리한 것이 에니어그램이에요. 그래서 에니어그램을 알면 자기를 이해하는 데 도움이 돼요. 따로 시간을 내어 수련하기 힘든 분은 다음 쪽의 표를 참고하여 자기가 정말 느끼길 원하는 감정이 뭔지 찾아보는 것도 괜찮습니다.

그런데 사람은 느끼고 싶은 감정만을 갖고 있지 않습니다. 반대로 피하고 싶은 감정도 지니고 있어요. 역시 다음 쪽 표를 참고하여 자신을 잘 들여다보면 어떤 상황을 힘들어하고 어떤 기분이 느껴질 때 마음이 지옥이 되는지 알 수 있을 것입니다.

이렇게 해서 내가 느끼고 싶어 하는 욕망과 피하고 싶은 두

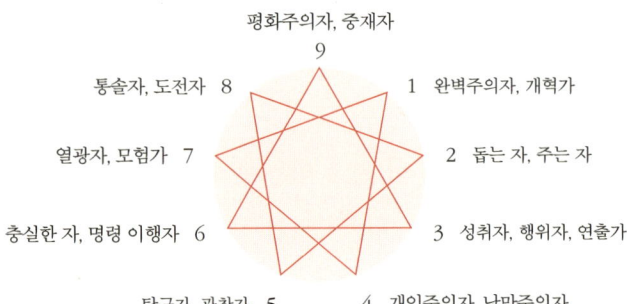

평화주의자, 중재자
9

통솔자, 도전자 8   1 완벽주의자, 개혁가

열광자, 모험가 7   2 돕는 자, 주는 자

충실한 자, 명령 이행자 6   3 성취자, 행위자, 연출가

탐구자, 관찰자 5   4 개인주의자, 낭만주의자

1유형	근원적 욕망	선하고, 완전하고, 균형 잡힘.
	근원적 두려움	타락, 사악하고 결함 있음.
2유형	근원적 욕망	사랑을 느끼길 원함.
	근원적 두려움	사랑받을 가치가 없음.
3유형	근원적 욕망	귀하고 가치 있게 여겨짐.
	근원적 두려움	가치 없고, 타고난 재능 없음.
4유형	근원적 욕망	자신과 자신의 중요성을 찾음.
	근원적 두려움	정체성이 없고, 중요하지 않음.
5유형	근원적 욕망	유능하고, 자격 있고, 기여함.
	근원적 두려움	쓸모없고, 무력하고, 무능함.
6유형	근원적 욕망	안전함.
	근원적 두려움	길을 잃고, 도움받지 못함.
7유형	근원적 욕망	자유롭고, 만족함.
	근원적 두려움	궁핍하거나 정서적 고통에 빠짐.
8유형	근원적 욕망	자기 보호.
	근원적 두려움	해를 당하거나 통제당함.
9유형	근원적 욕망	내면의 안정, 완전함, 평화.
	근원적 두려움	모든 것으로부터 단절됨.

려움을 알았다고 칩시다. 그러면 다 된 건가요? 아니죠. 우리가 알아야 할 정말 중요한 것이 있어요. 느끼고 싶은 걸 느껴가는 쪽으로 자기의 생각과 말과 행동을 디자인하는 사람은 점점 진화된 의식 속에서 자기의 욕망을 실현하고 확장해 가지만, 단지 피하고 싶은 것을 계속해서 피하는 쪽으로만 움직이는 사람은 자기의 욕망과 접촉하지도 못한 채 의식은 퇴보하고 삶 또한 점점 수축된다는 사실입니다.

삶의 성공과 실패를 가늠하는 것은 돈도 아니고 명예도 아니에요. 그것은 오직 그의 의식이 퇴행하고 있는가 진보하고 있는가, 그의 자기실현 욕망이 확장하고 있는가 수축하고 있는가에 달려 있습니다. 그러니 성공하려면 어떻게 해야 합니까? 그래요. 느끼고 싶은 감정은 더 느끼고 사는 쪽으로, 피하고 싶은 감정은 대면하여 극복하는 쪽으로 가야 합니다. 그것만이 나의 진짜 욕망을 발견해 실현하고, 나를 끊임없이 확장하고 진화시키는 길입니다.

가짜에 속는 악순환을 끊으려면

존재는 비어 있다, 그런데 그것이 나타날 때는 욕망을 매개로 한다고 앞서 말했습니다. 모든 것은 욕망에 의해서만 나타난다는 의미입니다. 비전되는 지혜 카발라의 경전을 보면 첫 장에 '욕망'이라고 쓰여 있어요. 또한 라틴어로 욕망의 어원은 '아버지께로부터'입니다. 우리가 욕망으로 인해 이 세상에 나타난 것은 결국 아버지의 뜻이라는 겁니다. 그러니 그 욕망을 잘 알고 실현하는 것이 결국은 우리를 보내신 분의 뜻을 실현하는 것 아니겠습니까?

이 세상의 자연, 즉 동식물은 신이 주신 그대로의 욕망을 잘 실현하고 있습니다. 욕망이 고정돼 있기에 그것 외에는 다른 길로 빠질 수가 없어요. 개는 태어날 때부터 죽을 때까지 그저 개로 살다 갑니다. 개마다 생김새와 성정이 좀 다를 수는 있지만, 기본적으로 개이고자 하는 욕망은 같습니다.

그런데 유일하게 인간만 고정이 돼 있지 않아요. 뇌의 1퍼센트가 비어 있어서 그렇습니다. 그 부분을 채워서 표현하게 하는 것이 의식이고, 의식의 수준에 따라 욕망이 달라집니다. 또 한편으로는 지금 나의 진짜 욕망을 알고 실현함을 통해 의식 수준이 급격히 성장하기도 하지요.

예를 들어 수련장에 들어오면 앞자리 다 놔두고 늘 뒤에만 앉는 사람들이 있어요. 학교나 회사에도 있잖아요. 뭐 한다고 하면 뒤에서 팔짱 끼고 방관하거나 딴청 피우는 사람들. 그들은 열이면 열, 자기 자신이 맨 뒤에 앉는 것을 원해서 거기에 앉았다고 생각해요. 바꿔 말하면 그게 자기의 욕망이라는 거지요. 그래서 제가 실험을 했습니다. 깨어나기 수련 첫날에 늘 하는 실험이에요. 맨 뒤에 앉은 사람 하나를 불러다 사람들 앞에 세웁니다. 양팔을 들게 하고 제 말을 따라하게 해요. "맨 뒤에 앉고 싶은 것이 나의 진심입니다." 그러고는 제가 그 사람을 뒤에서 껴안아 들어 올리지요. 그러고 난 다음 이번에는 "맨 앞에 앉고 싶은 것이 나의 진심입니다." 하고 말을 바꾸어 따라하게 하고, 역시 뒤에서 안아 올립니다. 결과가 궁금하시죠? 전자에 비해 후자가 훨씬 무겁습니다. 아니, 비교가 안 될 정도로 전자가 가벼워요. 그가 얼마나 뚱뚱한가에 상관없이 몸이 새털처럼 들립니다. 반면 후자는 몸이 아무리 날씬해도 두 다리가 단단히 땅을 딛고 있습니다.

여러분, 이 실험이 말해 주는 것이 뭐겠습니까. 자기의 진짜 욕망을 모른다는 거예요. 더 정확히 말하면 가짜인데 진짜로 속고 있다는 겁니다. 진심은 맨 앞에 앉아서 선생님 말 경청하고 하나라도 더 배워서 어떻게든 문제를 해결하고 엉망이 된 삶을 바꿔 놓는 것입니다. 제 발로 걸어왔든 누가 등 떠밀어서 왔든, 그게 수련장에 온 진짜 목적이라고요. 그런데도 의식 수준이 낮아서, 혹은 진짜 욕망을 한 번도 만나 준 적이 없어서 늘 하던 대로 행동합니다. 그리고 그렇게 행동하는 한, 의식은 늘 제자리에서 맴돌고 가짜 욕망이 나를 끌고 다니지요. 말하자면 악순환의 반복인 겁니다.

이 악순환을 끊으려면 우선 하던 대로 하는 습관을 바꿔야 해요. 그 방법으로 일단 정지를 이야기했지요. 내가 가는 장소와 만나는 사람과 아침에 일어나는 법, 타인과 대화할 때 주로 쓰는 단어 등 기존 것들을 다 멈추고 새로 바꿔 보는 겁니다. 또 다른 방법은 매 순간 무엇이 나의 진짜 욕망인지를 알아차리고 그 즉시 행동으로 옮기는 겁니다. 무엇이 진짜 욕망인지 잘 모를 때는 내가 지금 느끼고 싶어 하는 감정이 뭔지 살피면 된다고 했지요. 반면 피하고 싶은 감정과는 용기 있게 대면하여 그것을 넘어서는 것이 중요하다고도 했습니다. 이렇게 훈련에 훈련을 거듭함으로써만, 우리는 비로소 내 의식을 성장시키고 내가 진심으로 원하는 방향으로 삶을 창조할 수 있습니다.

원하는 것을 정확히 알 때 길이 열린다

아는 청년 중에 어릴 때부터 성악가가 꿈이던 사람이 있습니다. 초등학교 5학년 때부터 성악 레슨을 받았대요. 대학도 음대 성악과를 나왔어요. 그런데 졸업을 하고 나니 먹고살 길이 막막한 겁니다. 성악 전공한 사람 중에 단 1퍼센트만 전공 관련 일을 하는 직장을 얻을 수 있답니다. 청년은 자신의 그런 처지에 좌절합니다. 할 줄 아는 것, 좋아하는 것은 오로지 노래하는 것밖에 없는데 그것으로 살 수 없다고 생각하니 삶에 대한 열정도 의지도 사라진 거지요. 그때부터 게임에 손을 댑니다. 점점 빠져들어 나중엔 게임 중독자가 돼요.

먹고 앉아 게임만 해서 남산만 해진 배를 안고 그가 어느 날 수련을 한다고 왔습니다. 성악을 했다기에 노래가 얼마나 좋으냐고 제가 물었어요. 그랬더니 많이 좋대요. 또 물었지요. "노래 부르고 싶으냐?" 이번에도 고개를 끄덕입니다. 기회는 이때다 하고 제가 그랬습니다. "노래를 부르고 싶은 거냐, 아님 노래 불러서 돈 벌고 출세하고 싶은 거냐? 노래를 부르고 싶은 게 너의 진짜 욕망이라면 어디에 가서든 노래를 불러야지, 취직 안 됐다고 그 좋다는 노래도 안 하고 방에 처박혀 게임만 하고 있냐?"

자기의 욕망을 정확히 아는 게 왜 중요한지, 이 청년의 사례에서 드러납니다. 그가 가슴으로 진짜 원하는 욕망이 노래라면, 자원봉사를 하든 산에 가서 혼자 하든, 어떻게든 노래를 해야 합니다. 그러면 그를 돕는 뭔가 다른 길이 또 열려요. 그런데 만약 노래 자체가 아니라 노래를 통해 돈을 벌고 성공하는 것을 원한다면, 여기서 진짜 욕망은 노래가 아닙니다. 직장과 돈과 성공이 욕망이고 노래는 단지 수단일 뿐이라고요. 노래로 제 욕망을 실현하기가 어려우면 다른 수단과 방법을 찾으면 됩니다. 그런데 이 청년은 어때요? 뭐가 진짜 욕망인 줄 모르니까 이도 저도 아닌 게임에 빠져들어 중독이 되고 만 겁니다.

다행히 청년은 수련을 통해 자기의 진짜 욕망이 노래하는 것임을 깨닫습니다. 자기가 얼마나 노래를 사랑하고 노래 부를 때 행복한지, 그 오래된 기억이 되살아난 거예요. 수련 후 집으로 돌아가는 그를 붙잡고 제가 제안을 했습니다. 노래를 하고 싶으면 일단 교회에 나가라고요. 그것도 이왕이면 큰 교회에 나가라고 했어요. 큰 교회일수록 설 수 있는 무대가 많거든요. 또 음향시설이나 반주 등의 여건이 좋아서 성악가 출신인게 더 빛이 납니다. 그 후 청년은 정말로 교회에 나가기 시작했어요. 그러고는 얼마 후에 제게 편지를 보냈습니다. 교회에 나가 수많은 청중 앞에서 노래를 부르니 정말 행복하답니다. 더군다나 교회에서 그를 눈여겨본 어떤 분의 소개로 취직도 했다고 하네요. 자기의 참된 욕망을 알고 그것을 따라가면 이렇게 길이 열립니다. 그러니 잠시 어렵다고 포기하는 대신 욕망 실현의 길을 다양한 방법을 통해 모색해 가야 합니다.

성공의 키워드, 현 위치 파악과 목표 설정

여러분, 이 청년의 사례에서 보듯이 우선은 자기 욕망을 제대로 아는 것이 첫째입니다. 그런 다음엔 현실을 객관적으로 판단해서 욕망을 실현할 수 있는 기회를 잡아야 해요. 현실을 객관적으로 판단한다는 것은 나의 현 위치가 어디인지를 정확히 아는 것입니다. 그래야 지금 내가 무엇을 목표로 움직여야 하는지를 알 수 있어요.

만약 내가 처음 가 보는 어떤 장소, 예를 들면 서울 지하철 홍대입구역 4번 출구에서 친구를 만나기로 했다고 쳐요. 그러면 일단 홍대입구역으로 가야겠지요. 그런 다음 지하철을 내려서 뭣부터 봅니까? 어디로 가야 몇 번 출구가 나오는지 알 수 있게 그려놓은 지도를 봅니다. 그런데 지도를 제대로 보려면 현재 내가 어디에 서 있는지를 알아야 해요. 현 위치 파악을 전제로 해야만 4번 출구라는 목표 지점을 제대로 찾아갈 수 있는 겁니다.

일을 할 때도 마찬가지입니다. 나의 디자이어를 알았다고 끝나는 것이 아니에요. 그런 다음에는 반드시 자기의 현재 위치, 수준을 판단해야 해요. 노래를 사랑해서 평생 그 일을 하며 살고 싶다면 내 노래 실력이 어느 정도인지, 노래로 먹고살 수 있는 확률은 어느 정도 되는지, 만약 노래 부르는 일로 당장 생계 유지가 어렵다면 어떤 식으로 노래와 생계를 배분할 것인지 등을 현실적으로 가늠해 봐야 한다는 말입니다.

그런데 이때 많은 사람이 범하는 오류가 무언가 하면, 현실을 있는 그대로 판단하는 대신 거꾸로 내 생각을 현실화하는 거예요. 자기 실력을 과장하거나 혹은 폄하합니다. 그리고 주변 여건을 무시해요. 위에서 예로 든 청년도 그랬지요. 노래를 하고 싶으면 노래할 무대를 찾아 그 위에 서는 것이 가장 중요한데, 반대로 취업이 안 되면 노래마저도 할 수 없다고 생각했어요. 더욱이 그 생각을 사실로 여기고 노래를 포기하는 동시에 세상과의 접촉을 아예 끊었습니다.

여러분, 현 위치 파악과 목표 설정은 성공으로 가는 핵심입니다. 내가 원하는 것을 이루는 키워드다 이거예요. 반면 자기 생각을 사실로 알고 목표를 헛되게 세우거나 아예 목표 자체를 폐기하는 사람은 방향을 잃고 헤매기 마련이지요. 그렇게 해서 삶이 엉뚱한 방향으로 새거나 구렁텅이에 처박히는 겁니다. 이것이 불행으로 가는 사람들의 공통된 경로임을 잊지 말아야 합니다.

최고 욕망인 소질과 재능 찾기

오늘은 계속해서 욕망을 아는 것과, 그를 실현하는 기술과 방법에 대해 이야기하고 있습니다. 저급한 욕망에 휘둘리는 대신 매 순간 자기 가슴이 일러주는 진짜 욕망을 실현하며 사는 것, 그것을 통해 내 의식을 성장시키고 욕망을 확장시키는 것이 인생 최고의 성공이고 행복이기 때문에 이 주제가 그토록 중요한 겁니다.

그런데 욕망 중에서도 최고의 욕망이 있어요. 이것이야말로 하늘이 준 최고의 선물이자 내가 나 되는 길이고, 또한 우리가 하늘에서 땅으로 내려온 이유가 됩니다. 1강에서 잠깐 언급했지요. 디자이어라고 부르는 이것은 바로 소질과 재능입니다. 쉽게 말하면 내가 가장 하길 원하고 또 잘할 수 있는 일이에요. 태어날 때부터 갖고 오지만, 누구나 발견하는 것은 아닙니다. 그래서 스스로 찾아야 해요.

하워드 가드너의 다중지능이론은 자기의 소질과 재능이 어느 분야에 있는지를 알게 하는 좋은 도구입니다. 가드너는 사람이 지니는 여덟 가지의 지능 영역을 발견해서 언어지능, 논리수학지능, 공간지능, 음악지능, 대인관계지능, 자연친화지능, 신체지능, 그리고 자기이해지능이라 이름을 붙였습니다. 누구나 이 중 최소한 한두 분야에서는 소질과 재능을 발휘할 수 있다는 거지요. 그러니 자기가 타고난 지능을 잘 파악해 본인의 물에서 실력을 발휘하라는 겁니다.

일이 어렵다, 지루하다, 하느라고 하는데도 결과가 늘 안 좋다, 이런 사람은 다른 물에 가서 놀고 있을 가능성이 큽니다. 자기의 소질과 재능을 발휘할 수 있는 분야가 아니라, 부모가 원하고 세상이 알아주는 곳에서 일하고 있을 가능성이 크다는 말이에요. 또 그런 사람은 일을 통해 의식을 성장시킬 기회를 갖지 못하니, 일이 잘 안 풀리는 것은 물론이고 사는 것도 점점

소질과 재능은 태어날 때부터 갖고 오지만,
누구나 발견하는 것은 아닙니다.
그래서 스스로 찾아야 해요.

어려워집니다. 또 간혹 자기의 소질과 재능에 맞는 일을 하는
데도 적응을 못하고 힘들어하는 사람이 있는데 그 이유는 자기
이해지능이 낮아서 그래요. 여기서 자기이해지능이 낮다는 얘
기는 의식지수가 낮다는 겁니다. 이런 사람은 아무리 특별한
소질과 재능을 지니고 있어도, 또 그것을 남들이 알아줘도 정
작 자기 자신은 늘 헤매고 다른 데를 기웃거립니다. 반면 자기
지능에 맞는 일을 하는 사람들은 인생이 수월해요. 일에 몰두
가 잘 되고 습득이 빠릅니다. 또 어려운 과제를 만나도, 그게 고
통이 아니라 자기를 흥분시키고 설레게 하는 도전으로 받아들
입니다. 그래서 의식의 성장이 빠른 속도로 이루어지지요. 의식
이 성장하는 만큼 일을 통해 자기 스스로 얻는 기쁨과 남들에
게 줄 수 있는 몫도 더 많아지고요. 그러니 더 많은 사람이 자
기의 디자이어를 발견하고 그에 맞는 일을 찾아 삶으로 표현하
는 것이, 곧 지구 전체의 행복을 위한 길이라 해도 과언은 아닐
것입니다.

신의 통로가 되어 사는 삶

여러분, 일 잘하고 싶습니까? 잘 살고 싶습니까? 그렇다면 아래의 공식을 자기에게 적용하여 자신의 적성과 성격을 알고 현 위치를 파악한 다음 목표를 설정해서 나아가십시오.

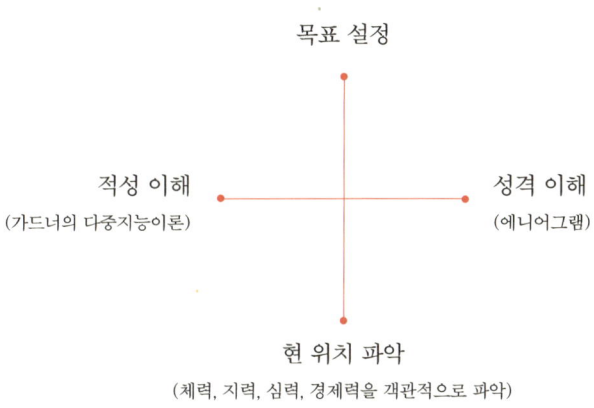

· 아침햇살의 평생학습 로드맵 ·

그런데 내 현 위치와 목표는 고정된 것이 아니에요. 그것은 내 의식 수준에 따라 계속해서 달라집니다. 또한 타고난 성향과 적성은 있지만, 그 또한 의식에 따라 발현되는 수준은 달라집니다. 그러니 결국 의식 수준을 높이는 것이 내가 하는 일과 삶의 질을 높이는 지름길이라 할 수 있습니다.

의식이 높아지는 만큼 내 안에 잠재되어 있는, 그러나 아직 만나 주지 않은 고급의 욕망들이 바깥으로 자기를 드러냅니다. 하늘에는 영광이 되고 땅에는 평화가 되며 사람에게는 기쁨이 되는 고도로 진화된 욕망들이 말입니다. 그런 욕망들이야말로 우리 안의 신神이지요. 의식 수준이 낮을 때는 그 신들을 알아보려야 알아볼 수가 없어요. 어느 수준 이상으로 올라가야만 비로소 내 안에 신이 있구나, 이것을 표현해야겠구나, 하고 깨닫게 되지요. 그래서 자기가 이를 가장 잘 실현할 수 있는 분야를 찾아 일로, 삶으로 표현하게 되는 겁니다. 그때 신이 나오니 어때요? 말 그대로 신이 납니다. 못할 일이 없고 넘어서지 못할 장애가 없어요.

여러분, 우리는 모두 신의 통로일 뿐입니다. 나는 없어요. 무고 공입니다. 그래서 신을 무한한 방법과 형상으로 표현해 낼 수 있습니다. 한 번 표현했다고 끝이 아니에요. 비운 것을 채웠으면, 그다음 작업은 다시 비우는 겁니다. 그리고 또 채우는 거지요. 이렇게 계속해서 더 진화된 의식으로 고급의 욕망을 만나가며 사는 게 진짜 삶이에요. 그러니 두려워 말고 자기 내면의 욕망, 신과 접촉하면서 신나게 사십시오. 그리고 의식을 높이는 훈련들을 꾸준히 해 나가십시오. 그때 여러분의 삶은 스스로 빛을 내며 세상을 밝히는 아름다운 별이 될 것입니다.

이것으로 오늘 강의를 마칩니다. 고맙습니다.

5장

몸이 변하면 삶이 변한다

/ 일 잘하는 첫째 방법, 체력 키우기 /

일을 못한다면, 잘하는 방법을 배워라

이 강의를 준비하면서 새삼 느낀 게 하나 있습니다. 이 세상의 인간을 크게 두 종류로 보면, 일 잘하는 사람과 못하는 사람으로 나눌 수 있다는 겁니다. 그리고 보니 학생들도 공부 잘하는 학생과 못하는 학생, 이렇게 두 부류로 나뉘더군요. 또 유치원 이하로 내려가면 잘 노는 아이와 못 노는 아이로 갈리고 말입니다.

어릴 때부터 한눈에도 씩씩하고 시원하게 노는 아이가 있는 반면, 매일 짜증내고 칭얼대는 아이가 있어요. 또 학교에서 신나게 공부하고 자기 생각을 몸으로 말로 글로 잘 표현해 내는 학생이 있는가 하면, 수업시간에 뒤에서 맨 딴짓이나 하면서 정작 앞에서는 자기표현을 제대로 못하는 학생이 있습니다. 특별한 계기가 없는 한 성인이 되어서도 이런 흐름은 그대로 이어집니다. 말하자면 잘 못 놀고 칭얼대던 아이가 자라서 공부 안 하고 딴짓하는 학생이 되고, 그 학생이 성인이 되어 일 못하는 사람으로 낙인이 찍힌다는 것이지요.

그런데 사람만이 지닌 가장 큰 특징이자 권리가 무엇입니까? 의식의 변화가 가능하고, 그를 통해 놀라운 성장을 이룰 수 있다는 겁니다. 비록 어릴 때는 비실비실하고 수줍음도 많이 타고 누가 뭐라 하면 울기만 했어도, 또 학교에 다닐 때는 지지리 공부 못하는 사고뭉치였어도, 어느 순간 다른 목표를 설정하고 다른 방향으로 자신을 디자인하면 삶이 변할 수 있다는 얘기입니다. 일에서도 마찬가지죠. 일처리 못한다고 늘 상사한테 혼나고 동료들에게 눈총받던 사람이 누구에게나 사랑받고 인정받는 일 잘하는 사람으로 변모할 수 있습니다. 다만 그런 변화가 하루아침에, 자연발생적으로 일어나지는 않아요. 오직 배워야만 변화가 일어납니다. 그래서 아이는 잘 노는 법을, 학생은 공부 잘하는 법을, 또 성인은 일 잘하는 법을 배워야 하는 겁니다.

일에 관한 강의가 벌써 중반을 넘어서고 있네요. 지난 시간까지는 일에 대한 이론 편이었다고 보시면 됩니다. 일이 무엇이고 왜 일을 하는가에서 시작해, 나라는 참 존재가 어떻게 일을 통해 드러나며 나의 디자이어와 일은 어떤 관계를 맺고 있는지에 대해 살펴보았습니다. 이것으로 이론은 끝내고, 오늘부터는 실천 편으로 들어가 어떻게 하면 일을 잘할 수 있는지, 그 구체적인 원리와 기술들을 알려드리고자 합니다.

일, 무가탈의 목적이자 수단

첫 강의 시간에, 일 속에는 우리가 발견하고 찾아야 할 인생의 중요한 테마 세 가지가 들어있다고 했지요. 바로 내가 가야 할 길, 깨달아야 할 진리, 그리고 살아야 할 생명입니다. 이는 본래 성경에 나오는 말이에요. 요즘 말로 쉽게 바꾸면 길은 힘이 되고, 진리와 생명은 각각 빛과 숨이 됩니다. 이를 또한 인체에 대입하면 배, 머리, 가슴이 되어, 동양철학에서 인간의 기본 덕목으로 강조하는 체덕지體德智로 연결되는 겁니다.

이렇게 보면 일은 결국 인간이 이루어야 할 체덕지의 총합이라 할 수 있습니다. 따라서 일을 잘하려면 지력과 심력, 체력을 고루 키우는 것 외에는 방법이 없어요. 이 중 하나만 부족해도 문제가 생깁니다. 지력과 심력은 강한데 체력이 바닥이라든지, 아니면 심력은 좋은데 지력과 체력이 떨어진다든지 하면 일을 잘할 수가 없다는 말입니다.

또한 이 세 가지를 고루 키움으로써 우리는 일을 잘하게 될 뿐 아니라, 일을 하는 궁극적인 목적을 이루게 됩니다. 먼저 지력을 키우면 가난에서 탈피하는 게 가능해집니다. 현대사회는 지식정보사회입니다. 지식이 없으면 필연적으로 가난하게 살 수밖에 없어요. 나만 가난하고 끝나는 게 아니지요. 그 가난이 후대에게까지 대물림됩니다. 다시 말해 내 대에서 어떻게든 지력을 키워야 나 자신과 후손이 모두 삶의 풍성함을 누릴 수 있다는 겁니다.

그다음은 심력입니다. 심력을 키운다는 건 나를 알고 너를 앎으로써, 즉 인간에 대한 무지에서 벗어남으로써 서로 행복한 쪽으로 관계를 만들어 나가는 것을 의미합니다. 이 힘이 큰 사람은 무엇보다 자기 자신을, 자기가 진정 원하는 것을 잘 이해합니다. 한마디로 의식지수가 높은 것이지요. 따라서 자기의 생각과 느낌을 온전히 자신의 디자이어 실현을 위해 쓸 수 있습니다. 또한 이런 사람은 자기의 생각대로 보고 듣는 게 아니라 늘 사실 위에서 보고 듣고 경험하기에 상대방을 왜곡 없이 이해할 수 있습니다. 우리가 심력을 키워야 하는 이유는 삶은 결국 관계이기 때문입니다. 심력이 약하면 자기 자신과, 그리고 타인과 진정한 관계를 맺을 수 없기에 결코 행복한 삶을 살 수 없습니다.

마지막으로 체력을 키움으로써 우리는 비로소 허약에서 벗

일은 결국 인간이 이루어야 할
체덕지의 총합이라 할 수 있습니다.
따라서 일을 잘하려면 지력과 심력, 체력을
고루 키우는 것 외에는 방법이 없어요.

어날 수 있습니다. 허약한 사람 치고 일 잘하는 사람 없습니다.
초반에는 몰라도 어느 정도 지나면 힘이 달려서 못해요. 더욱
이 제아무리 머리가 좋고 가슴이 따뜻해서 부와 존경을 한 손
에 거머쥐었다 한들 몸이 약하면 어떻습니까. 그것을 온전히
누리고 즐길 수가 없지요. 그래서 예부터 건강을 잃으면 전부
를 잃는 것이라고 주장하는 겁니다.

　이로써 우리는 지력, 심력, 체력을 고루 키우는 것이 왜 일을
하는 데 필요한 요건이 되는지, 그것을 통해 궁극적으로 얻는
것이 무엇인지를 살펴보았습니다. 이를 한마디로 정리하면 '무
가탈'이지요. 무지와 가난과 허약에서 탈피할 수 있다는 말입
니다. 일은 결국 무가탈을 위해 하는 것입니다. 거꾸로 말하면
무가탈에 성공한 사람만이 일에서도 성공할 수 있다고 할 수
있지요. 제가 일을 무가탈의 수단이자 목적으로 보는 이유는
바로 여기에 있습니다.

입맛이 아닌 개념으로 먹는다

그러면 이제부터 일을 잘하는 세 가지 방법, 즉 지력과 심력과 체력을 키우는 법 중 먼저 체력을 주제로 이야기해 보겠습니다.

체력이 튼튼하려면 일단 잘 먹어야 해요. 밥 먹는 것 하나만 봐도 그 사람이 지닌 삶의 태도가 드러납니다. 뭐든 잘 먹고 감사히 먹는 사람은 삶도 그러합니다. 무슨 일이 일어나든 늘 '예스Yes'로 화답해요. 반면 가려 먹고 깨작거리고 딴짓하면서 늦게 먹는 사람은 '노No'의 태도가 몸에 배어 있습니다. 그러니 둘 중 어떤 사람이 일을 잘하겠습니까? 요즘은 회사에서 직원을 뽑을 때 일부러 회식 자리를 마련하는 경우가 많다고 합니다. 특히 영업사원 뽑을 때 그렇지요. 밥 먹는 태도를 보기 위해서예요. 그것이 그 사람의 일하는 태도와 직결돼 있음을 그 회사 간부들은 이미 아는 것입니다.

그런데 잘 먹는다는 것을 많이 먹는 것으로 착각하면 안 됩니다. 몸에 안 좋은 음식을 지나치게 많이 먹는 것은 오히려 건강을 해치는 지름길이에요. 중요한 것은 균형 있는 영양 섭취이지요. 그래서 혀로 먹지 말고 개념으로 먹어야 해요. 단지 내 입맛에 맞는 것만 골라먹으면 미각중추를 재빨리 자극하는 패스트푸드나 기름진 음식에 빠져들기 쉽습니다. 그리고 일단 뇌가 잘못된 식습관에 길들면 왜곡된 신호를 보내 아무 때나 배가 고픈 느낌이 들게 하고, 나를 병들게 하는 음식들을 선택하게 할 수 있어요. 반면에 개념으로 먹는 습관을 들이면, 즉 어떤 음식이 내게 얼마만큼 필요한지를 알아차리면서 먹는 훈련을 하면 편식이 사라집니다. 과식과 폭식도 사라집니다. 정해진 시간에 밥상 위에 올라온 것을 골고루, 적당히 먹고 수저를 내려놓게 되지요.

고른 영양 섭취를 전제로 하되, 제가 특별히 추천하고 싶은 음식이 두 가지 있어요. 현미잡곡밥과 나물입니다. 미국이나 영국 등 선진국에서는 비만과 그로 인한 합병증, 즉 당뇨와 고혈압 등으로 고생하는 사람들에게 현미밥을 권장하고 있습니다. 현미가 공해식품에 찌든 몸을 정화시키는 최고의 음식이기 때문이에요. 그 효력은 이미 서양 의사들에게도 인정받은 지 오래입니다.

저는 서른 무렵에 현미밥을 처음 먹어보았습니다. 풀무원을 세운 원경선 선생님을 만난 것이 계기가 되었죠. 하루는 선생님을 만나러 풀무원에 방문했는데 그곳 식당에 이런 글귀가 쓰여 있는 겁니다. '돈을 잃는 것은 조금 잃는 것, 명예를 잃는 것은 절반을 잃는 것, 건강을 잃는 것은 전부를 잃는 것이다.' 그 식당에서 둘이 함께 식사를 했는데, 그때 선생님께서 다시마에 현미밥을 싸 드시면서 "이걸 먹으니 검은 머리가 난다."고 말씀하시던 게 얼마나 인상적이었는지 몰라요. 그래서 그날 이후로 저도 현미밥을 먹기 시작해 여태껏 유지하고 있습니다.

현미밥과 더불어 당뇨와 비만에 좋은 천연치료제로 각광받는 또 하나의 식품은 나물입니다. 사실 나물은 옛날에 배고픈 백성들이 산과 들을 헤매고 다니면서 먹을 것을 찾다가 발견한 겁니다. 예전에는 천지에 흔했지만 요즘은 하도 뜯어가서 귀해 졌지요. 값도 비싸졌어요. 그래도 부지런히 드시고 자녀와 손자 손녀에게 많이 먹이세요. 주변에 맨 흰 쌀밥과 수입 밀가루 음식, 또 과자나 피자 같은 것만 식탁에 올리는 집들이 있지요? 그런 집에서는 인재가 나올 수 없습니다. 인재가 나오기는커녕 남에게 피해만 안 줘도 다행이에요. 이건 제 생각이 아니라 과학이 밝혀낸 이론이에요. 먹는 것이 바르고 건강해야 몸은 물론 마음도 건강해진다는 것은 이미 상식입니다.

그런데 아무리 몸에 좋은 음식을 고르게 섭취한다 해도, 만약 감사하는 마음이 없다면 어떨까요? 제가 어릴 때만 해도 어른들이 '약은 밥상 위에 못 오른다'는 말씀을 흔히 하셨습니다. 한마디로 밥이 백 가지 약보다 우리 몸에 좋다는 얘기지요. 음식으로 몸을 못 고치면 약으로도 못 고친다는 겁니다. 그러니 밥이란 게 얼마나 소중합니까. 또 그 밥상을 정성껏 차리는 분들의 손길은 얼마나 아름답고 귀합니까. 이것을 아는 사람은 절대 밥상머리에서 불평하거나 투덜대지 않습니다. 무엇이 나오든, 맛이 어떻든 그저 감사하며 먹지요. 아이나 어른이나 모두 이런 태도로 음식을 대하는 법을 배워야 해요. 그래야 음식이 내 안에서 좋은 기운을 일으키고, 그 기운이 또한 내 일과 삶에 좋은 영향을 미칩니다.

체력 키우기 2
잠을 잘 자야 하루가 편하다

잘 먹는 것만큼이나 체력을 키우는 데 중요한 또 하나의 방법은 잘 자는 것입니다. 학생들을 보면 정확하게 드러나요. 공부 못하는 학생들은 낮에 줍니다. 수업시간에 선생님 강의 듣는 대신 엎드려 자거나 조는 거예요. 레드스쿨에도 그런 학생이 있습니다. 밤에 뭐했기에 낮에 조냐고 물어보면 잤대요. 그런데도 졸립답니다. 졸린 데는 다 이유가 있습니다. 잠을 잤어도 제대로 잔 게 아니지요. 누구와 이야기를 했거나 다른 생각을 했거나, 하여간 어떤 이유로든 숙면을 취하지 못한 겁니다.

직장인 중에도 전날 잠을 제대로 못 잔 사람 보면 꼭 티가 나요. 얼굴에 피곤이 가득하고 인상이 찌그러져 있습니다. 눈빛은 멍하고 발걸음엔 힘이 없지요. 일어나기 싫은데 억지로 왔다는 것을 그처럼 온몸으로 표현하고 있습니다. 몸에 활기가 없으니 자리에 앉아서도 바로 일을 못합니다. 커피 마시고 스마트폰 들여다보고 남들 뭐하나 기웃거리죠. 점심 먹고 나서 일 좀 할 만하면 그때부터는 또 졸아요. 그러다 보면 어느새 퇴근이에요.

　이런 사람들은 퇴근을 해도 뭔가 기분 좋게 내 일을 끝냈다는 종료감이 없기 때문에 집에 안 갑니다. 왠지 마음이 허전하고 뭔가 더 해야 할 것만 같은 느낌이 드는 거죠. 그래서 자기와 비슷한 이들과 어울려 술집을 떠돌며 의미 없는 수다만 잔뜩 늘어놓다가 밤늦게야 집에 들어갑니다. 술에 취한 상태니 가족과 무슨 좋은 대화를 나누겠습니까, 아니면 책이라도 몇 쪽 읽겠습니까. 집에 오면 그냥 양말만 벗고 자기 바쁩니다. 그렇게 대여섯 시간 눈 붙이고 난 후, 다음날 아침이 되면 피곤과 짜증이 가득한 채로 회사에 갑니다. 이렇게 해서 어제와 똑같은 하루가 다시 시작되는 겁니다.

　여러분, 하루가 쌓여 일 년이 되고 평생이 됩니다. 아침을 밝고 힘차고 긍정적으로 맞이하는 사람과, 짜증과 불평으로 맞이하는 사람의 인생은 뭐가 달라도 달라요. 당장은 같아 보여도 나중에는 엄청나게 격차가 벌어집니다. 그래서 하루의 시작인 아침을 어떻게 여느냐가 그만큼 중요해요. 아침에 '하하하' 하고 소리 내어 크게 웃으면서 일어나게 하고, '오늘을 주셔서 감사합니다.' '오늘은 오늘뿐입니다.' 이런 짧은 감사의 기도를 올리게 하는 것은 그 때문입니다. 웃음과 감사의 마음으로 하루를 시작하라는 거예요. 그렇게 훈련을 거듭할 때에만 내 삶에 웃을 일과 감사할 일만 생긴다는 것을 알려주는 겁니다.

그런데 사람들은 이 쉽고 간단한 일조차 하지 않으면서 내일은 다르기를 기대해요. 자기 자신은 조금도 돌아보고 성찰하지 않으면서 삶이 뭔가 더 나아지기를 꿈꿉니다. 저는 이런 사람을 가리켜 정신병자라 부릅니다. 생각해 보세요. 오늘을 망치고 있으면서 내일 성공하기를 바라는 이가 정신병자가 아니면 무엇입니까.

오직 아침을 활기차고 감사하는 마음으로 연 사람만이 빛나는 하루를 만들고, 또 하루를 빛나게 산 사람만이 인생을 성공적으로 만듭니다. 그런데 그 아침에 큰 영향을 주는 게 바로 잠이라는 거지요. 유대인들은 하루의 시작을 아침으로 보지 않고 저녁으로 봤습니다. 잠이 하루를 좌지우지한다는 것을, 그들은 아주 오래전부터 알고 있었던 겁니다.

잠은 어떻게, 또 얼마나 자야 하는 것일까?

하루의 생활에 잠이 중요하다는 것을 알지만, 그게 내 맘대로 안 된다고 호소하는 사람들이 의외로 많습니다. 이른바 불면증을 앓고 있는 겁니다. 이런 사람을 가만히 보면, 낮에 볕을 잘 안 봐요. 그리고 몸을 안 움직입니다. 그런데 우리 몸은 낮에 햇살을 받고 땀을 흘리면 밤에 잠을 잘 자게 되어 있어요. 잠과 연관된 신경화학물질인 멜라토닌이 활발하게 분비되기 때문입니다. 일한답시고 어두운 사무실에만 죽치고 앉아 있다고 해서 능률이 오르나요? 절대 아니죠. 오히려 기분만 우울해지기 십상입니다. 그러니 점심시간에라도 나가서 볕을 쬐고 빠르게 걷고 해서 땀을 좀 내세요. 아니면 퇴근길에 헬스클럽에 들러 유산소운동과 근력운동을 해 줘야 합니다. 그래야 몸에도 좋고 정신건강에도 좋아요. 또 밤에 잠도 잘 오고요.

숙면을 취하기 위해서는 또한 너무 배부르거나 배고픈 상태로 있는 것을 피해야 합니다. 그러므로 잠자리에 들기 서너 시간 전에 적당히 음식을 섭취하는 것이 좋아요. 또 20도 이하에서는 잠이 깊이 들지 않기 때문에 침실 온도는 21~24도 정도로, 즉 몸에서 살짝 땀이 날 정도로 유지하는 것이 좋습니다.

그러면 수면 시간은 어느 정도가 가장 적당할까요? 잠의 양과 질을 완전히 분리해서 생각할 수는 없지만, 그렇다고 같은 것으로 볼 수도 없습니다. 말하자면 숙면이 곧 오래 자는 것은 아니라는 거지요. 또한 사람마다 자신의 몸을 최상의 컨디션으로 유지하는 데 필요하다고 보는 잠의 양이 각각 다르기 때문에, 적정한 수면의 양을 일률적으로 정의하기에는 무리가 있다고 봅니다.

예를 들어 잠을 자지 않으면서 일한 것으로 유명한 나폴레옹은 "남자는 4시간을 자고, 여자는 5시간을 자고, 바보는 6시간을 잔다."고 말했어요. 레오나르도 다빈치도 이런 유형이었다고 합니다. 반면 많이 자야 머리가 잘 돌아간다고 주장한 사람도 있습니다. 아인슈타인이 그런 경우였죠. 그는 10시간을 자야만 일을 할 수 있었다고 합니다.

전기가 없던 시절에는 밤에 일하는 것이 불가능했으니 지금보다 잠을 많이 자는 게 자연스러웠을지도 모릅니다. 그런데 전기가 들어오고 본격적으로 사회가 산업화되면서 도시에 사는 인간의 삶은 점점 태양과는 멀어지게 되었죠. 야간작업에 심지어는 주야교대 근무까지 가능해졌으니 말입니다. 우리나라도 산업화가 한창 이루어지던 1970년대에는 정부가 나서서 잠을 덜 자라는 캠페인을 벌었어요. 새마을운동이 바로 그 대표적인 사례였지요. 그 운동의 요지는 일찍 일어나서 열심히 일하라, 그래야 개인도 나라도 부자가 된다는 것이었습니다.

물론 이 캠페인이 주장하는 바도 아주 일리가 없지는 않다고 봅니다. 아무래도 부지런한 사람이 게으른 사람보다야 일도 더잘하고, 잘살 수 있는 가능성도 더 높으니까요. 하지만 잠을 너무 적게 자면 오히려 많이 자는 것보다 더 큰 문제가 발생할 수있음을 증명하는 사례도 많습니다.

그중 하나로 미국 공군에서 실시한 두 가지 실험 결과를 소개할까 합니다. 먼저 일군의 사람을 대상으로 8일 동안 하루에 세 시간씩만 재우는 실험을 했습니다. 그랬더니 아침에 일어나면서부터 밤에 잠들 때까지 계속 졸더랍니다. 심지어는 걸으면서도 존대요. 일종의 기면증인 거지요. 그다음은 두 팀으로 나누어 한 팀에게는 8시간의 잠을 허락하고, 다른 한 팀은 그 미만으로 재우는 실험을 했습니다. 그리고 나서 두 팀 모두에게 퍼즐 맞추기를 시켰더니 8시간 잔 팀이 그 미만으로 잔 팀보다 세 배나 빨리 맞추더랍니다.

이 두 가지 실험을 통해 우리가 알 수 있는 것은, 인체가 제대로 기능하기 위해서는 적정한 양의 잠을 자는 것이 필요하다는 점입니다. 하지만 그렇다고 해서 누구에게나 8시간의 잠이 필요하다고 일률적으로 이야기할 수 있을까요? 또한 세간에서 흔히 말하듯 누구나 아침형 인간이 되어야 성공할 가능성도 더 높아지는 것일까요?

각자는 저마다의 생체시계를 지니고 있다

다시 《나는 왜 일하는가》를 통해 살펴볼까요? 이 흥미로운 질문에 관한 의미 있는 실험이 1962년에 독일 생리학자인 위르겐 아쇼프Jurgen Aschoff에 의해 진행됩니다. 아쇼프가 실험 장소로

정한 곳은 옛 수도원 건물의 지하공간입니다. 과거에 수도원에서 만든 포도주를 저장하던 곳으로, 세상과 격리돼 있어요. 빛은 물론 소리도 완벽하게 차단됩니다. 또한 시계가 없으니 그 안에서는 시간을 알 수도 없습니다. 아쇼프는 그 공간에 실험에 참가할 이들을 모아 놓고 며칠 동안 원하는 것을 하면서 생활하라고 합니다. 처음 며칠간 사람들의 취침과 기상 시간은 제멋대로입니다. 그런데 실험을 시작한 지 수일이 경과하자 사람들의 수면생활에 일정한 패턴이 보이기 시작합니다. 각자의 하루 주기가 정해지면서 그에 맞춰 잠을 자고 일어나게 되더라는 거지요. 예를 들어 25시간을 주기로 하루를 사는 사람의 취침과 기상 시간은 매일 한 시간씩 미뤄지는 반면, 23시간의 하루 주기를 지닌 사람은 취침과 기상 시간이 매일 한 시간씩 당겨진다고 할까요?

이 실험을 통해 아쇼프는 사람마다 몸에 생체시계를 지니고 있으며, 그 때문에 생체리듬의 영향을 받는다는 사실을 밝혀냅니다. 태양에 의해 결정되는 하루는 누구에게나 똑같이 24시간이지만, 각자의 생체시계에 따른 주관적인 하루는 다를 수 있다는 얘기입니다.

이런 점에서 보면 모든 사람을 아침형 인간으로 만들려는 시도는 자연스럽지 못한 게 됩니다. 혹자는 아침형 인간으로 사는 것이 아무 문제가 없을지 몰라도, 생체리듬상 저녁형 인간으로 사는 것이 훨씬 편안하고 자연스러운 사람도 있을 테니까요. 실제로 표본조사를 해서 통계를 낸 결과, 전 세계인의 10명 중 단 1명만이 진정한 아침형 인간인 것으로 조사되었다고 합니다. 또한 일명 올빼미족이라 불리는 저녁형 인간도 10명 중 2명에 불과하대요. 그러면 나머지 7명은 뭘까요? 아침형도 저녁형도 아닌 벌새형 인간이랍니다.

우리가 태양 아래서 사는 이상, 24시간 주기로 하루가 설정되는 이 객관적인 시스템을 고려하지 않을 수는 없습니다. 그렇다고 자기의 생체리듬을 너무 무시하는 것도 좋지는 않아요. 일에 효율적이지 않을뿐더러 건강에도 악영향을 미칠 수 있습니다. 이와 관련한 재미있는, 아니 비극적인 일화가 있어요. 왕비 크리스티나가 철학자 데카르트로부터 배우고 싶다고 그를 교사로 초빙합니다. 아침형인 크리스티나 왕비는 아침 일찍 수업을 하길 원해요. 데카르트는 저녁형 인간이어서 그에 맞추기가 힘들지만 왕비의 청이라 차마 거절을 못합니다. 그래서 매일 아침 차가운 아침공기를 마시며 수업을 하러 가지요. 결국은 그게 원인이 되어 데카르트는 폐렴에 걸려 죽고 맙니다.

그런데 전형적인 아침형과 저녁형은 자기의 생체시계를 자유자재로 조절하기가 쉽지 않지만, 지구상의 인간 중 다수가 속한다는 벌새형 인간에게는 그것이 가능하답니다. 앞서 말했다시피 벌새형은 아침형도 아니도 저녁형도 아니에요. 정해진

게 없는 거지요. 그래서 때에 따라 아침형으로도 살고 저녁형
으로도 살 수 있다는 겁니다. 다시 말해 서너 시간 정도는 자기
가 원하는 대로 생체시계를 조절해서 취침 시간을 앞으로 당길
수도 있고 미룰 수도 있다는 거예요. 그렇다면 이 유형이야말
로 가장 많은 가능성을 지니고 있는 게 아닐까요?

인간의 다수가 벌새형이라는 사실은, 대다수의 사람이 일을
잘할 수 있는 가능성을 지니고 있음을 보여 주는 것입니다. 벌
새형은 정해져 있지 않아요. 그래서 상황과 일에 맞추어 자기
의 생체리듬을 최적화할 수 있습니다. 생체리듬을 최적화한다
는 것은 단지 일을 오래 하고 잠을 덜 잔다는 것을 의미하지는
않습니다. 중요한 것은 일의 효율성을 극대화하는 방향에서, 잠
도 잘 자고 일도 잘하는 것이지요. 이런 사람은 언제 쉬어야 하
고 언제 일해야 하는지를 압니다. 또 언제 푹 자고 언제 바짝
힘을 다해 일에 몰두해야 하는지도 잘 압니다. 그러니 일을 못
하려야 못할 수가 없어요.

내 컨디션을 최적화할 방법을 찾아라

자기의 생체시계를 조절한다는 것은, 결국 자신의 뇌가 가장
창의적으로 작동하고 활력 있게 일할 수 있는 조건을 스스로

만들어가는 것을 의미합니다. 대다수의 유럽인들이 시에스타라고 낮잠 자는 시간을 따로 갖는 것도 그런 이유에서입니다. 낮이 너무 뜨겁고 길어서, 낮잠을 자지 않고서는 몸이 좋은 컨디션을 유지할 수 없는 거예요. 또 그 시간에는 일을 하는 것이 불가능합니다. 오죽하면 이스라엘인들은 6일 전쟁을 치를 때도 낮잠을 잤다고 하지 않습니까. 그 시간에는 서로 폭격하는 게 금지되어 있었어요. 전쟁도 잠을 제대로 자야 할 수 있다고 본 겁니다.

이처럼 잠은, 내 컨디션을 최상으로 유지함으로써 일을 잘하게 만드는 데 아주 중요한 영향을 미칩니다. 잠은 단순히 그냥 쉬는 것과는 차원이 달라요. 잠을 자면서 우리는 몸을 치유하고 회복하며, 나아가 영감을 받기도 합니다. 노벨상 수상자 중에는 수면 중에 받은 영감을 기록하여 그것으로 상을 수상했다고 고백한 사람도 있습니다. 저 또한 일이 생각대로 안 풀리면 일단 눕습니다. 화가 나도 일단 잠부터 자요. 자고 일어나면 몸뿐 아니라 마음도 개운해집니다. 화가 저절로 풀려요. 또 막혔던 생각이 원활하게 흐릅니다. 그런 점에서 저는 잠이란 휴식을 넘어서 창조력과 영감을 주는 새로운 채널이자, 하늘과 연결시켜 주는 코드라고 봅니다.

그런데 이렇게 중요한 잠을 효과적으로 누리는 아주 좋은 방법이 하나 있습니다. 잠만 편안하게 즐길 수 있는 게 아니에요.

자기의 생체시계를 조절한다는 것은,
결국 자신의 뇌가 가장 창의적으로 작동하고
활력 있게 일할 수 있는 조건을
스스로 만들어가는 것을 의미합니다.

낮에는 또한 기운과 활력이 넘칩니다. 그래서 저는 이것을 제 컨디션을 최적화하는 제일의 방법으로 활용하고 있습니다. 바로 '엣지욕'이라 부르는 목욕법입니다. 낮과 밤, 일과 잠, 생동하는 에너지와 깊게 이완하는 에너지의 균형을 맞추는 데 도움이 된다고 해서, 제가 그렇게 이름을 붙였습니다.

제가 이 목욕법을 만나서 실천하게 된 계기가 있습니다. 하루는 제가 지인들에게 "제 꿈은 매주 주말에 수련을 안내하는 것입니다." 하고 말했더니, 하나같이 체력이 되겠느냐고 걱정들을 하더라고요. 사실 수련을 안내하는 일이 쉽지는 않아요. 엄청난 체력을 요구하지요. 프로그램 하나를 진행하고 쉬러 올라가면 일단 자야 합니다. 밥을 먹더라도 30분은 자고 일어나야 먹을 수 있을 정도예요. 그래서 수련이 좀 많을 때는 늘 얼굴이 부어 있고 까맸습니다. 피곤이 쌓이고 혈액순환이 잘 안 되어 발을 땅에 디딜 수조차 없을 만큼 아팠어요. 한의원에 가서 물어보니 수승화강이 안 되어서 그렇답니다. 물이 위로 올라가서 머리는 차갑게 식히고 불은 내려와서 손발을 따뜻하게 해야 하는데, 그게 거꾸로 되어 머리는 뜨겁고 손발은 차다는 거죠. 한 분이 제 사정을 들으시더니 반신욕을 해 보라고 하더라고요. 시험 삼아 해 봤더니 정말로 몸이 개운하더군요. 그래서 본격적으로 '냉기제거법'을 공부하다가 이 '엣지욕'까지 만나게 된 겁니다.

냉기제거법의 핵심은 우리 몸의 온도를 올리는 거예요. 흔히들 인체가 36.5도라 하는데 실제로는 그에 못 미치는 경우가 많아서 병이 생깁니다. 심장에는 암이 안 생기는 이유가 뜨겁기 때문이에요. 반대로 심장이 차가워진다는 것은 곧 죽음을 의미합니다. 따라서 우리 몸에 냉기가 들기 시작하면 몸에 이상이 생겼다고 봐야 해요. 그 첫 증상이 심장과 먼 손발부터 차가워지는 것입니다. 다른 말로 하면 손발이 차가워진다는 것은 몸에 냉기가 쌓이고 있다는 증거이므로, 어떻게든 고쳐서 더 큰 병이 오지 않게 예방해야 해요. 제 경험상 그 예방법으로 엣지욕만큼 좋은 것은 없는 것 같아요. 실제로 엣지욕을 하면 온몸이 따뜻해지면서 발끝으로 냉기가 스르르 빠져나가는 게 느껴집니다.

활력과 숙면을 동시에 선사하는 '엣지욕'

그러면 이제부터 엣지욕의 방법을 구체적으로 알려드리겠습니다. 맨 처음은 반신욕으로 시작합니다. 반신욕은 어떻게 하는지 다 아시죠? 43~44도 정도 되는 물을 배꼽까지만 잠기도록 욕조에 받아놓고 그 안에 앉아 있는 겁니다. 몇 분 지나면 땀이 나면서 냉기가 빠져나가는 게 느껴져요. 그 상태로 약 12분에서 15분 정도 가만히 있습니다. 이때 따뜻한 물을 마시면서 하면 혈액순환이 더 원활해집니다.

반신욕을 마친 다음엔 냉온욕의 반복이에요. 다 합해서 9온10냉이 되도록 합니다. 다시 말해 온탕에는 아홉 번, 냉탕에는 열 번 들어갔다 나오라는 거지요. 이것이 너무 버거우면 3온4냉이나 5온6냉 정도만 해도 됩니다. 단, 냉탕으로 시작해서 냉탕으로 끝낸다는 것만 기억하면 돼요. 또 물의 온도는 냉탕은 약간 차가울 정도로, 온탕은 충분히 뜨겁게 하는 것이 좋습니다. 그리고 일단 입수를 하면 냉탕이든 온탕이든 목까지 담근 상태로 1분을 유지해야 합니다. 이런 방법으로 냉탕과 온탕을 오가다가, 마지막에 냉탕에서 나와 미지근한 물로 샤워하면 끝입니다.

엣지욕을 하면 몸이 완전히 이완되기 때문에 아주 깊은 단잠을 잘 수 있어요. 그래서 원래는 잠들기 전에 하는 것을 추천하지요. 또 시설이 잘 갖춰진 목욕탕에 가서 하는 것이 아무래도 더 좋습니다. 그런데 현실적으로 밤마다 목욕탕에 가기가 쉽지 않잖아요. 그런 사람은 집 목욕탕에서 욕조를 이용해서 해도 괜찮습니다. 저는 개인적으로 목욕탕에서 제대로 하는 것을 선호하기 때문에 이른 아침에 합니다. 늘 5시 30분이면 일어나서 짧게 명상하고 목욕탕에 가서 엣지욕을 즐기지요. 이것이 제가 하루를 맞는 의식입니다. 아침을 이렇게 시작하면 하루가 얼마나 개운하고 힘차고 또 기분이 좋은지 모릅니다.

그런데 이렇게 훌륭한 방법을 알려줘도 안 하는 사람이 더 많아요. 집에 욕조가 없어서 못한다, 아침마다 목욕탕에 가기가 쉽지 않다, 등등의 핑계를 댑니다. 일주일만 반복하면 몸이 그에 길이 들어서 생체시계가 새로 작동하는데, 그 일주일을 못 참는 거예요.

엣지욕만이 아닙니다. 과자와 쌀밥 대신 현미잡곡밥을 먹는 것도, 아침에 늦게 일어나는 대신 일찍 깨어 명상으로 하고 운동을 하는 것도 처음 일주일만 견디면 그다음은 좀 쉬워져요. 그렇게 한 달을 보내고 나면 백 일까지 가는 것은 더 쉽지요. 그러다 백 일이 넘게 되면 몸에 완전히 배어 평생 습관이 되는 겁니다.

그러니 여러분, 일단 일주일만 엣지욕을 해 보세요. 몸속의 냉기가 발끝으로 스르르 빠져나가는 것을 일단 한 번이라도 생생하게 느끼면, 그다음부터는 안 하고는 못 배길 것입니다. 저는 그 느낌이 어찌나 좋던지 속으로 이런 말까지 했습니다. '아, 이게 바로 도인의 목욕법이구나.' 딱 하루만 해도 그 효과가 나타나요. 손발이 따뜻해지고 어깨와 목을 짓누르던 무거움이 사라집니다. 아주 개운해지죠. 발걸음이 날아갈 것 같아요. 또 피부도 촉촉하고 부드러워집니다. 무엇보다 이 쉬운 목욕 하나로, 여러분은 분명 최상의 컨디션을 유지하고 일을 잘하는 데 엄청난 도움을 받을 수 있을 것입니다.

원하는 대로 생체리듬을 만들며 사는 삶

오늘은 실천 편을 여는 첫 번째 강의로 어떻게 하면 체력을 키울 수 있는지에 대해 이야기했습니다. 먼저 잘 먹는 것이 우선이라 했지요. 혀끝으로 먹지 말고, 고른 영양 섭취를 위해 개념으로 먹으라 했어요. 이는 자기가 무엇을 어떻게 먹는지 잘 알아차리라는 말입니다. 그러면 저절로 감사의 마음이 우러나와요. 감사히 먹을 때 음식이 우리 안에서 더 좋은 기운으로 작용하고요. 또 밥상에 무엇을 올리라고요? 현미잡곡밥과 나물입니다. 이렇게 훌륭한 우리 음식은 본인만 많이 먹을 게 아니라 자녀와 그 후대에까지 부지런히 먹여야 해요. 그래야 집안의 유전자가 근본적으로 바뀝니다.

잘 먹는 것 다음으로는 잘 자는 것이 얼마나 중요한가에 대해 강조했습니다. 너무 오래 자거나 너무 적게 자는 것은 몸에도 좋지 않고 일의 효율을 떨어뜨립니다. 따라서 적당한 시간을 안배하여 깊이 숙면을 취하는 것이 중요하지요. 이를 위해 숙면을 위한 일반적인 방법들을 적극 활용하는 것이 좋습니다. 낮에 햇볕 쬐고 땀 흘리고 또 과식과 과음을 삼가고 침실 온도를 적당히 유지하는 것 등이 그 방법입니다.

그러나 무엇보다 중요한 것은 자기의 생체시계를 잘 파악하고 또 조절하여 늘 최상의 컨디션을 유지하는 것이 아닌가 싶습니다. 예를 들어 내가 하루에 8시간 일을 한다고 치면, 일이 가장 잘 되는 시간은 그중 20퍼센트에 해당하는 한두 시간 정도라 합니다. 나머지 시간에는 집중력이나 효과 등의 면에서 떨어진다는 거죠. 그러므로 자기의 생체리듬을 잘 파악하여 하루 중 컨디션이 가장 좋은 때에 힘을 바짝 쓰는 것이 중요합니다. 그 시간에 가장 급선무인 일을 처리하고, 가장 영향력 있는 사람을 만나 일의 효율을 극대화시키는 거예요. 그러면 그 기운이 나머지 80퍼센트의 시간에까지 영향을 미쳐서 전체적으로 일의 효율성을 상승시키는 결과를 낳습니다.

이것이 자기의 생체시계를 잘 파악하고 있는 사람만이 활용

할 수 있는 방법이라면, 때로는 기존에 익숙한 생체리듬을 깨고 새로운 리듬을 내 생활에 적극 끌어들임으로써 몸과 삶을 변화시키는 것도 필요합니다. 그 예로 엣지욕을 소개했어요. 이 것을 하려면 아침이든 밤이든 시간을 따로 내야 해요. 최소한 일주일, 나아가 한 달, 완벽하게 적응하려면 백 일 정도는 훈련을 해서 몸에 배게 해야 합니다. 다들 그것이 쉽지 않다고 하는데, 그 정도 투자해서 내 몸과 체력이 놀랍게 변하고 삶의 질이 달라진다면 그렇게 하지 않을 이유가 없지 않을까요.

평소에 남보다 두 배로 열심히 일하다가 일주일에 하루는 푹 쉬는 것도 몸과 마음의 컨디션을 최적화하는 좋은 방법입니다. 이 날은 온전히 자기 자신만을 위한 시간으로 쓰세요. 좋은 곳에 가서 최고급 음식을 먹고, 듣고 싶은 음악을 듣고, 갤러리와 서점도 둘러보는 겁니다. 또 아침엔 명상으로 영감을 얻고, 저녁에는 엣지욕을 한 후 세상에서 가장 편한 잠에 빠져들어 보는 거예요.

이처럼 여러분은 자신이 원하는 대로, 또 삶이 요구하는 대로 생체리듬을 만들어 가면서 일과 잠, 쉼과 놀이, 낮과 밤의 생활을 잘 조율해 나갈 수 있습니다. 그것이 결국은 체력을 기르고 일을 잘하는 최고의 비결이 아닌가 싶습니다.

오늘은 이것으로 마칩니다. 고맙습니다.

6장

늘 깨어 현재에 주파수를 맞추라

/ 일 잘하는 둘째 방법, 심력 다지기 1 /

사람을 움직이는 세 요소, 부와 사랑과 건강

길거리에 나가면 수많은 사람들이 어딘가를 향해 바삐 움직이는 것을 볼 수 있습니다. 저는 그들이 어디에 가는지는 모릅니다. 그러나 적어도 무엇을 목적으로 그렇게 움직이는지는 압니다. 그 목적이 무엇이냐고요? 바로 부(지식), 사랑(명예), 그리고 건강입니다. 이 세 가지에 안 걸리는 사람은 없어요. 예를 들어 회사나 거래처 등 비즈니스와 관련한 장소에 가는 사람의 주요 목적은 지식, 곧 돈을 얻는 데 있습니다. 산에 가는 사람은 주로 건강을 위해서고요. 물론 데이트를 위해 산에 가는 사람은 건강보다는 사랑을 얻는 게 더 중요한 목적이 되겠죠. 그러면 교회와 절에 가서 기도하는 사람은요? 그 또한 자신과 가족의 건강과 부를 빌기 위해 가는 겁니다. 한편으로는 사람들과 관계하기 위해 가는 거니까 사랑을 위한 것이라고 봐도 좋겠네요.

산다는 것은 단순해요. 무엇을 하든 결국 이 세 가지, 즉 부와 사랑과 건강이라는 범주 안에 포함됩니다. 즉 위의 세 가지가 사람을 움직이게 한다는 말입니다. 그러므로 잘 산다는 것은 한마디로 부와 사랑과 건강을 얻는 것이라고 할 수 있습니다.

부를 얻는 것은 바꾸어 말하면 가난에서 탈피하는 것이지요. 그러려면 지력을 키워야 합니다. 또 사랑을 얻는 것은 인간에 대한, 곧 자신과 타인에 대한 무지에서 벗어날 때만이 가능합니다. 이것은 심력을 키움으로써 가능합니다. 그리고 건강을 얻으려면 체력을 키워 허약함에서 벗어나야 합니다. 곧 잘 살기 위해서는 다른 방법이 없어요. 지력과 심력과 체력을 고루 키우는 것만이 잘 살 수 있는 길입니다.

제가 왜 대안학교인 '레드스쿨'을 시작했겠습니까. 우리 후손에게 잘 사는 법 알려주려고 한 거예요. 아이들에게 지력과 심력과 체력을 키우게 기술을 전수하여 부모 대에까지 이어져 온 무지와 가난과 허약에서 탈피하게 하려고 학교를 세웠다는 말입니다. 어른들은 이미 몸에 밴 습이 너무 강해서 잘 안 변합니다. 하지만 아이들은 일단 변하기 시작하면 기적이 일어납니다. 더욱이 우리의 미래는 아이들에게 달려 있지 않습니까. 그래서 무가탈 프로젝트의 첫 걸음을 레드스쿨로 내딛은 겁니다.

성인을 대상으로 한 무가탈 프로젝트로는 '아틀리에'가 있지요. 책 읽고 공부하는 공동체예요. 전국에 걸쳐 각 지역마다 있습니다. 일주일, 혹은 이 주일에 한 번씩 모여 그동안 읽은 책에 담긴 지식을 공유하고 각자 느낀 감동을 나눕니다. 또 자신이 책을 통해 얻은 교훈을 생활에 적용해 본 소감도 발표합니다. 몇 사람이 공동으로 만든 독서모임 아틀리에의 구호가 있어요. "무지하면 받고 싶어도 무엇을 받을지 모르고, 가난하면 주고 싶어도 줄 것이 없고, 허약하면 일을 하고 싶어도 할 수가 없습니다." 어떻습니까. 구구절절 맞는 말이지요?

심력 키우기 1·2
잘 보고 합니다, 잘 듣고 합니다

지난 시간에 일 잘하는 비결 가운데 체력을 키우는 법에 대해 강의했습니다. 오늘은 심력 차례예요. 심력을 키우는 첫째 방법은 잘 듣는 것입니다. 정확히 말하면, 잘 듣고 기억해야 합니다. 일 못하는 사람의 가장 큰 특징이 뭔지 아십니까? 대충 듣고 잊어버리는 거예요. 그래서 일을 시키는 사람이 같은 얘길 계속하게 만들어요. 기억력이 안 좋으면 메모라도 해야 하는데 그것도 안 합니다. 또 자기가 잊어버린 게 없는지 확인도 안 해요.

대안학교 레드스쿨을 하면서 보니까 공부 못하는 학생이 꼭 그렇습니다. 숙제를 깜박 잊고 못해 왔다고 해요. 그런 실수를 몇 번 반복하면 수첩에 기록을 해서라도 기억해야 하는데, 메모를 안 합니다. 또 친구에게 오늘 숙제가 뭐냐고 묻지도 않아요. 이런 학생들이 자라서 일 못하는 사람이 되는 거죠. 그러니 학교 다닐 때부터 잘 듣고 기억하는 것을 습관화해야 합니다.

여러분, 잘 듣고 기억하는 것은 인간의 중요한 능력 가운데 하나입니다. 옛날에 서당 훈장님이 왜 아이들 종아리를 때렸겠어요? 기억하라고 때린 겁니다. 회사에서 상사가 왜 문책해요? 지금 잘못한 것을 기억하여 똑같은 실수를 하지 말라고 그러는 겁니다. 학교와 회사만이 아니라 우주도 우리의 기억력을 테스트합니다. 우리의 의식이 업그레이드되지 않으면 매번 똑같은 문제에 걸려 넘어질 수밖에 없어요. 반면 어떤 문제에 직면했을 때 그것을 통해 의식을 성장시킨 사람은, 다시는 같은 문제에 걸려들지 않습니다. 자기가 과거에 어떻게 해서 그 문제에 빠져들었는지를 생생하게 기억하고 있기 때문이에요. 그러니 일을 잘하고 삶의 질을 높이려면 잘 듣고 기억하는 능력을 키우는 것이 필수입니다.

심력을 키우는 그다음 방법은 잘 보고 하는 것입니다. 이는 직접 내 눈으로 확인해서 점검한다는 의미를 포함하고 있어요. 그런데 일 못하는 사람은 남의 말을 듣고 합니다. 예를 들어 본인이 현장에 직접 가서 확인하고 해야 할 일을, 다른 사람이 한두 마디 흘린 것만 듣고 처리하는 거예요. 그러고는 사후에 일이 제대로 되었는지 확인도 안 해요. 사장이 혹은 상사가 일을 시키는 이유가 뭘까요? 본인이 그것까지 챙길 여력이 안 되니까 대신 하라고 시키는 겁니다. 이때 현명하고 부지런한 사람은 일을 지시한 사람의 눈과 귀와 발이 되어 그 일을 수행합니다. 반면 게으르고 건성으로 일하는 사람은 자기 발로 가보지도 않아요. 자기 눈으로 확인도 안 합니다. 그러니 아무도 그에게 일을 맡기고 싶어 하지 않는 게 당연하지요.

심력 키우기 3
보고할 때는 사실과 생각을 나누어

심력을 키우는 셋째 방법은 소리 내어 알리며 해 나간다, 즉 보고를 잘해야 한다는 것입니다. 보고를 잘하려면 사실과 생각과 느낌을 분리해야 합니다. 일을 잘하는 사람은 이것이 정말 정확해요. 군더더기 없이 사실을 말하고, 그에 대한 자기의 창의적인 생각과 느낌을 덧붙입니다. 반면 일 못하는 사람은 보고하라고 하면 사실은 쏙 빼고 자기 생각만 늘어지게 얘기해요. 이건 뭐가 어렵고 힘들고, 그건 어찌해서 안 될 것 같고, 맨 이런 식으로 사실을 왜곡합니다.

보고를 잘하는 또 하나의 기술은 철저하게 듣는 사람의 입장에서 해야 한다는 겁니다. 예를 들어 보고를 받는 사장이 결과를 빨리 듣기를 원하면 결과부터 얘기하고 그에 대한 부연설명을 하는 것이 순서입니다. 그런데 보고하는 자리에서 계속 과정에 대해서만 설명하는 사람이 있어요. 성질 급한 사장은 그걸 끝까지 듣지도 못하죠. 결론이 뭐냐고 수시로 묻습니다. 살림마을 직원 중에도 그런 사람이 있었어요. 하루는 제가 듣다 못해 앞으로 나에게 보고할 때는 세 마디 이상 하지 말라고 그랬죠.

한번은 레드스쿨 아이들에게 보고하는 법을 훈련한 적이 있습니다. 먼저 아이들에게 어떤 것에 대한 보고문을 작성하게 합니다. 그런 다음 자기가 쓴 보고문을 살펴보고 사실에 해당하는 것에 줄을 치라고 하지요. 검사할 때 보면 어떤 아이는 한 장 가득 되는 보고문에 사실이라고 줄 친 부분은 얼마 안 돼요. 또 어떤 아이는 자기 생각을 사실로 착각해서, 예를 들면 '공부가 하기 싫다.' 같은 문장에 줄을 치기도 합니다.

공부하기 싫다는 게 사실이냐고 물으면 그제야 그건 자기 느낌일 뿐이고, 그 느낌은 공부에 대한 부정적인 생각에서 나온 것임을 알아차립니다.

학생 때부터 사실과 생각을 구분하게 하고, 그에 의거해 정확히 보고하게 하는 훈련을 하는 것은 대단히 중요합니다. 그래야 무엇이 사실이고 무엇이 자기 생각인지 알아서, 생각을 좋은 방향으로 변화시킬 수 있어요. 이런 학생은 나중에 직장에 들어가서도 사실은 사실 그대로 보고하고, 그에 더해 좋은 생각을 제안할 줄 아는 능력을 지니게 됩니다. 한마디로 유능한 사람이 되는 겁니다.

심력 키우기 4
모든 것은 인간관계에 달렸다

이제 심력을 키우는 넷째 방법이자, 일의 성공과 실패를 가르는 핵심적인 요소를 이야기할까 합니다. 그것은 바로 인간관계를 잘 만드는 것입니다. 삶 자체가 관계이기 때문에 인간관계가 부실하고 허약해서는 삶이 튼튼하게 뻗어갈 수가 없습니다. 가정, 학교, 취미모임, 동창회 등 어디서고 관계가 작용하지 않는 곳은 없습니다. 회사도 마찬가지지요. 사장과의 관계, 선후 배와의 관계, 동료와의 관계, 또 거래처와의 관계도 있습니다. 더욱이 이들 관계에 의해 내 승진과 생존 여부가 결정되기에, 회사 내에서의 인간관계란 결국 모든 직장인의 화두일 수밖에 없습니다.

서울대학교 대학원을 졸업하고 대기업에 특채로 들어간 사람이 있어요. 편의상 A라고 하지요. 이 A는 신입사원이지만 능력을 인정받아 금세 간부들과 일할 수 있는 지위에 오릅니다. 또 그들에게 인정도 받고 사랑도 받아요. 그런데 얼마 후 회사가 대대적인 구조조정을 단행하면서 A를 채용한 이들이 명예 퇴직과 해고를 당하기에 이릅니다. 이런 경우 보통은 A도 사표를 쓰게 마련인데 이례적으로 살아남습니다. 자기의 직속상관들이 곧 퇴출 대상이 될 거라는 것을 예측하고 A가 미리 손을 써 놓았기 때문입니다. 말하자면 다음에 주역이 될 이들과 인간관계를 잘 터놓은 겁니다.

여러분, 회사에서 줄 잘 서고 아부 잘 해서 승승장구하는 사람들 보면 어떻습니까. 보기 싫고 화가 납니까, 아니면 부럽습니까. 솔직히 둘 다죠? 제가 늘 말하잖아요. 그것도 능력이고, 능력 중에서도 아주 대단한 능력이라고 말입니다. 만약 내가 일도 잘하고 성실하고 창의력도 있는데 회사에 내 편이 없다고 하면, 그런 사람이야말로 가장 먼저 내 진급과 승진에 영향력을 행사할 수 있는 사람에게 줄 잘 서고 아부하는 법을 배워야 합니다. 또 당장 내 일이 아니고 내가 속한 부서의 일이 아니더라도 다른 사람을 도와주어야 해요. 두루두루 친하게 지내면서 인맥을 쌓아야 한다는 거지요. 그래야 결정적인 순간 나를 도와줄 사람이 나타납니다.

그리고 무엇보다 회사에서 인간관계를 잘하는 핵심은 조직원으로서의 정체성을 잃지 않는 겁니다. 극단적으로 말하면, 회사에서 나는 없다고 생각해야 해요. 오로지 조직만 있고 우리만 있다고 생각해야 합니다. 이런 마인드를 가지고 일을 하면 절대 상사에게 대들지 못합니다. 그가 아무리 부당한 말을 해도 가만히 듣고 있습니다. 또 시키는 대로 일단은 해봅니다. 그게 조직원의 올바른 태도예요. 그런데 많은 사람들이 어떻습니까. 상사를 무슨 동네 아저씨 아주머니 대하듯 해요. 자기 맘에 좀 안 들면 짜증내고 반항합니다. 출퇴근 시간도 제멋대로고 보고도 제대로 안 해요.

조직이란 한마디로 오케스트라와 같다고 보면 됩니다. 연주자들이 제아무리 훌륭한 실력을 갖추고 있다 해도, 그들이 만약 지휘자의 지시를 따르지 않는다면 그 오케스트라는 오합지졸이 되고 맙니다. 오케스트라의 공연에서는 무엇보다 지휘자의 곡 해석이 가장 중요하기 때문이지요. 따라서 필요하다면 언제든지 나의 해석은 내려놓고, 심지어 악보마저도 무시하고 지휘자가 이끄는 대로 따라가야 하는 겁니다. 그런데 이것을 못하는 사람이 참 많습니다. 의식지수가 200 아래인 자존심에 걸려 있어서 그래요. 그런 이들은 자존심이 곧 '나'라고 생각하기 때문에, 자기의 생각과 주장이 받아들여지지 않으면 곧바로 '내'가 무시당했다고 여깁니다. 그러니 인간관계를 잘 만들 리 없지요. 이런 사람은 또한 일을 잘할 수도 없습니다.

심력 키우기 5
명상, 좋은 수신기를 갖는 훈련법

인간관계를 잘 만들어야 한다고 해서 모든 사람과 친하게 지낼수는 없고, 또 그럴 필요도 없습니다. 중요한 것은 내가 정말 원하는 것을 성취하기 위해서는 자유자재로 내 생각과 느낌을 부리고 행동할 수 있어야 한다는 겁니다. 이것이 곧 심력을 키운다는 것의 진정한 의미예요. 이런 사람은 적어도 자존심, 시기와 질투, 미움과 분노, 또 자기만 아는 소아적인 이기심과 배타적 성향 등에 걸려서 관계를 망치는 일은 없습니다. 오히려 때와 장소와 상대하는 사람에 맞추어 자신을 낮추기도 하고 때로는 강하게 밀어붙이기도 하면서 관계를 이끌어 나가지요.

그런데 적어도 이렇게 할 수 있는 단계에 오르려면, 자기 자신과 상대방과 전체적인 상황을 있는 그대로 파악할 수 있어야 해요. 마음이 맑고 머리가 깨끗해야 한다는 말입니다. 한마디로 의식지수가 일정한 수준에는 올라서야 한다는 거예요. 만약 내 마음이 미움과 분노와 거짓과 자만심으로 꽉 차 있다고 해봅시다. 과연 상대가 하는 말이 제대로 들릴까요? 상황 파악이 제대로 되겠습니까? 그런 사람은 못 듣고 못 봅니다. 뭔가 문제가 생기면 보고를 하는 게 아니라 두려워서 감추기에 급급합니다. 또 항상 뭔가 하느라고 분주하긴 한데, 정작 자기가 뭘 하는지조차 몰라요. 생각이 정리가 안 돼 있어 늘 혼란스럽습니다. 그러니 이런 사람 백 명 모여 봤자 제대로 된 사람 다섯 명을 이기겠습니까?

사람은 자기의 의식만큼만 받아들일 수 있습니다. 의식이 낮으면 누가 아무리 좋은 것을 줘도 못 받아요. 내 의식이 곧 수신기인 겁니다. 그러므로 내가 심력을 키워서 일을 잘하고 싶으면 좋은 수신기를 가져야 해요. 기존의 낡고 뒤떨어진 수신기를 새롭고 성능 좋은 것으로 바꿔야 한다고요. 이것을 가장 효과적으로 이룰 수 있는 방법이 있습니다. 바로 명상이에요. 명상을 일컬어 인류 최고의 유산이자 가장 훌륭한 삶의 기술이라고 하는 이유는 이 때문입니다.

이제는 고인이 된 스티브 잡스는 대학시절에 명상에 심취한 경험이 있습니다. 인생의 가장 혼란스러운 시기에 명상을 만나 거기서 구원을 찾은 거예요. 그때 잡스가 스스로 고안해 낸 진언眞言, 즉 만트라가 있는데 그게 뭔가 하면 '심플Simple'입니다. 삶의 진리는 가장 단순한 데 있다고 본 거지요. 그래서 늘 심플이라는 단어를 주문처럼 외우며 마음을 맑게 하고 머리를 깨끗이 비운 겁니다. 그 당시인 1981년에 다이애나 워크라는 사진 작가가 잡스의 방을 찍어 사진으로 남겼는데 정말 단순하기 이를 데 없습니다. 방안에 찻잔 하나, 조명기 하나, 그게 전부예요. 애플에서 나온 제품도 보면 다 그렇잖아요. 명상을 통해 정립한 잡스의 철학이 그대로 반영돼 있기 때문입니다.

삶이 진화된다는 것은 결국 단순해진다는 것입니다.

여기서 단순하다는 것은 명료하다는 거예요. 어느 하나 군더더기가 없습니다. 오직 지금 여기뿐이에요. 과거도 없고 미래도 없습니다.

그런데 이런 삶은 명상을 통해 늘 깨어 있는 자에게만 가능합니다. 매 순간 깨어 있으면 생각도 행동도 복잡할 게 없어요. 그저 그 순간에 일어나야 할 것이 자연스럽게 결정되고, 나는 결정된 그것을 나타내는 통로가 될 뿐입니다.

늘 깨어 현재에 주파수를 맞추라

행복하게 사는 비결을 묻는 제자에게 한 선사는 이렇게 답합니다. 밥 먹을 때는 밥만 먹고 잠잘 때는 잠만 자라고, 그것이 곧 행복해지는 길이라고요. 그러자 제자가 반문합니다. 저희도 그렇게 사는데 왜 행복하지 않나요? 선사가 다시 말합니다. 아니, 그렇지 않다. 너희는 일할 때 쉴 생각하고, 쉴 때 뭐 먹을까 걱정하고, 잠잘 때 내일 일을 염려하지 않느냐.

그래요. 매 순간 깨어 있는 삶이란 이런 것입니다. 오직 그 순간에 머물며, 그때 일어나는 생각과 느낌들을 다 알아차리는 겁니다. 이와 같은 수련법을 위파사나vipassana라고 합니다. 붓다가 깨달은 방법으로 알려져 있어요. 서구에서는 이를 'Mindfulness'라 하고, 우리나라에서는 흔히들 '마음챙김' 수련이라고 하지요.

"세수하기. 얼굴에 물들이 묻는 것을 관찰한다. 신선하고 차

가운 물들의 발생을 알아차린다. 마음속에서 물들과 만나는 것을 느낀다. 시원함, 물 떨어짐, 하나도 놓치지 않는다."

저는 오래전부터 이와 같은 수행의 원리를 도입해 '진지 알아차리기' 수련을 하고 있습니다. 이는 내가 무엇을 어떻게 먹는지를 알아차리는 수련으로, 먼저 밥상 위에 놓인 먹을거리들을 살피는 데서 시작되지요. 각각의 음식이 지닌 모양, 향기, 색깔, 그리고 그 모든 것의 어울림을 알아차립니다. 그런 다음 맛을 봅니다. 기존에 내가 특정 음식에 대해 가졌던 고정관념, 이를테면 김치는 짜고 맵다는 생각을 놓아 버리고 지금 내 입에 들어가는 그 김치의 진짜 맛을 느끼고 알아차리는 것입니다. 또 각각의 음식을 씹을 때, 삼킬 때, 삼키고 나서의 느낌까지 하나하나 다 알아차립니다. 이렇게 하려면 절대로 허겁지겁 먹을 수가 없습니다. 또 밥상 앞에서 딴 생각을 할 수가 없어요. 오직 먹는 순간을 알고 느끼고 즐길 뿐입니다. 말하자면 이 수련의 궁극적인 목적은 현재와 접촉함으로써 지금 이 순간을 사는 것입니다.

이 알아차리기 수련을 통해 우리는 또한 모든 발생한 것은 반드시 사라진다는 것을 알게 됩니다. 이를테면 내게 일어나는 사건들, 그로 인해 내 마음에 생기는 분노와 슬픔과 기쁨과 증오 등의 감정은 영원히 지속되지 않음을 깨닫게 된다는 말입니다. 이것을 명료하게 자각하면 더 이상 그 어떤 사건, 어떤 감정에도 집착하지 않게 됩니다. 사라질 것들에 일희일비하지 않게 되는 거예요.

그러니 현재에 깨어 있는 만큼, 나는 모든 조건에서 자유로워질 수 있습니다.

명상의 생활화로 평정심 유지하기

명상이라고 하면 세속과 거리가 먼 고요한 곳에 들어가 온종일 가부좌로 꼿꼿하게 앉아 견뎌야 하는 것으로 여기는 분들이 있는데, 그렇지 않습니다. 물론 일 년에 한두 번 정도는 조금 길게 시간을 내어 집중적으로 명상 프로그램에 참여하는 것이 좋습니다. 그래야 내 몸과 뇌가 명상의 원리와 기술을 확실히 기억할 수 있으니까요.

하지만 그보다 더 중요한 것은 명상을 일상화하는 것입니다. 아침에 일어나서 밤에 잠들 때까지 매 순간 깨어 있도록 수련하는 것이 오히려 진짜 명상에 가깝다는 말입니다. 그러려면 음식을 먹을 때나 설거지를 할 때나, 아니면 누구를 만나 이야기를 할 때나 혼자 책을 읽을 때나, 내게 일어나는 느낌과 생각과 행동들을 다 알아차려야 합니다. 그런다고 뭐가 달라질까 싶겠지만, 일단 해 보면 어느 순간 놀라운 변화가 시작됨을 알 중요한 것은 명상을 일상화하는 것입니다.
아침에 일어나서 밤에 잠들 때까지
매 순간 깨어 있도록 수련하는 것이
오히려 진짜 명상에 가깝다는 말입니다.

아차릴 수 있습니다. 먹는 태도와 앉는 자세가 달라지고 얼굴 표정이 달라집니다. 말투가 변하고 눈빛이 변합니다. 그러다 자기의 생각과 감정을 잘 살피는 단계에까지 이르면, 생각과 감정에 휘둘리는 대신 좋은 쪽으로 바꾸어 활용하는 능력을 갖게 되지요.

수련에 참여한 분이 집에 돌아간 지 며칠 후 제게 편지를 보냈습니다. 주부로 산 지 20년 만에 처음으로 설거지를 하며 '소리'를 만났답니다. 물이 떨어지는 소리, 그릇과 그릇이 부딪치는 소리, 물과 접시가 만나는 소리, 그 사이로 들리는 자신의 숨소리까지……. 그런데 그 소리들이 너무나 아름다워서 눈물이 나더래요. 설거지를 몇 천 번을 했어도 그런 소리들을 들은 건 처음이었다는 거지요. 마음을 다른 데 쓰느라, 혹은 설거지하기 지겹다는 생각에만 빠져 있느라 미처 못 듣고 지나쳤다는 겁니다. 참 아름다운 경험 아닙니까?

또 어떤 분은 30년을 넘게 살면서 지하철 달리는 소리가 아름답게 들린 건 처음이라고 고백을 합니다. 수련 끝나고 다음 날 출근하느라 지하철을 탔는데 다른 때와 다르더랍니다. 항상 시끄럽게만 느껴지던 소리가 모차르트 음악보다 아름답게 들리더라는 거지요.

여러분, 소리를 통째로 들으면 저절로 이런 경험을 하게 됩니다. 무엇 하나만 가려서 들으려 하면 나머지는 소음이 되어 귀가 아프고 짜증이 나요. 하지만 통째로 전부 다 들으면 그 자체가 하모니가 됩니다. 그러면서도 하나하나 또렷이 들리지요. 여기서 통째로 듣는다는 건 이름을 붙이지 말고 들으라는 거예요. 이것은 누군가 휴대폰으로 떠드는 소리, 이것은 지하철 삐걱대는 소리, 또 저것은 누가 껌 씹는 소리, 이런 식으로 분별해서 듣지 말라는 겁니다. 판단과 분별을 멈추고 그저 들리는 소리 모두에 마음을 열고 있는 그대로 들으세요. 그러면 듣기 싫은 소리가 없어집니다. 또 그것을 듣는 것이 괴롭다 해도 언젠가는 사라질 것을 알기에, 그로 인해 내 마음이 흔들리지 않습니다. 그래서 명상을 생활화하는 사람은 늘 평정심을 유지해요. 바깥 상황에, 그리고 그 때문에 일어난 감정과 생각에 휘둘리지 않을 만큼 중심이 단단해진다는 말입니다.

좌뇌와 우뇌의 조화와 균형

명상은 또한 기존에 내 뇌를 장악해 온 생각들을 지움으로써 우주로부터 영감을 받고 창의적인 생각들이 떠오르는 것을 가능하게 합니다. 뇌과학에 빗대어 말하면 이는 좌뇌가 꺼진다는 의미입니다. 좌뇌는 기존에 입력된 정보에 의해 분별하고 판단하는 기능을 주로 하지요. 늘 옳고 그름을, 맞고 틀리고를, 아름답고 추함을, 선함과 악함을 나누어 사고합니다. 그래서 좌뇌가 활발하게 작동하는 한 사실을 사실 그대로 보는 게 굉장히 어려워요. 반면 우뇌는 과거에 입력되거나 학습된 정보를 불러와 따지는 대신, 그저 그 순간을 느끼는 것에 충실합니다. 그래서 우뇌를 주로 쓰는 사람은 직관이 발달해 어떤 것의 본질을 꿰뚫기가 더 쉽습니다.

실제로 명상 상태에 들면 뇌파가 7헤르츠까지 내려가서 잠들기 전의 고요한 상태, 평화롭고 안정된 상태가 된다고 해요. 그런데 지구 자체가 발생시키는 파장이 7.83헤르츠라고 합니다. 이를 슈만Schumann이라는 사람이 발견해서 슈만주파수, 혹은 지구의 기초주파수라고도 하지요. 명상은 결국 이 파장에 내 뇌파를 맞추는 거예요. 그래서 명상을 하면 자연과 교감하고 소통하는 능력이 커지고, 그로부터 종종 번뜩이는 영감을 얻습니다.

일례로 아인슈타인은 오른손에 돌을 들고 졸다가 그 돌이 떨어지는 소리에 깨어나면서 위대한 이론에 대한 영감을 받았다고 해요. 또 달리Dali라는 스페인의 위대한 화가는 조는 순간 깨어나 그 순간 떠오르는 그림을 그리기 위해, 낮잠에 들 때마다 연필을 들고 의자에 기대앉았다고 합니다. 심지어 한 뇌과학자는, 어느 날 사고를 당해서 좌뇌의 기능이 멈추자 엄청난 행복감이 몰려오더라고 고백하기도 했지요. 이는 분별하고 판단하지 않을 때, 즉 좌뇌가 꺼질 때 비로소 지금 여기에 존재하는 행복을 온전히 느낄 수 있음을 보여 주는 사례입니다.

하지만 이 세상에서 좌뇌 안 쓰고 살아갈 수 있습니까? 이 세상은 기본적으로 생각세계이기 때문에 좌뇌가 꼭 필요합니다. 때로는 집중적으로 그것을 써야 할 때도 있습니다. 그러니 가장 좋은 것은 뭐겠어요? 좌뇌와 우뇌를 고루 훈련하여 자유자재로, 그리고 조화롭게 쓰는 겁니다. 죽어라 좌뇌만 쓰는 사람은 어떤 분야에서 성공을 거둘 수 있을지는 몰라도, 삶의 충만한 행복과 기쁨을 느낄 수는 없어요. 좌뇌 자체가 행복과 기쁨을 느끼는 데 대단히 인색해서 그래요. 거꾸로 우뇌만 갖고 사는 사람은 스스로 행복감을 느낄지는 몰라도 현실에 발붙이고 살기가 어렵지요. 그래서 둘의 균형이 필요한 겁니다.

이런 점에서 명상은 현대인에게 꼭 필요하고 도움이 되는 기술이라 할 수 있습니다. 현대인의 대부분은 주로 좌뇌를 쓰는 데만 익숙해져 있기 때문이에요. 다시 말해 명상으로 잠시 좌뇌를 정지시킴으로써 무기력해진 우뇌를 활성화시킬 수 있고, 그를 통해 결과적으로 좌뇌와 우뇌의 조화와 균형을 꾀할 수 있다는 말입니다.

일곱 번째 방향을 향해 가고 또 가라

오늘 심력을 키우기 위한 다섯 가지 방법에 대해 강의를 했습니다. 심력을 키우는 이유는 일을 잘하기 위해서예요. 더 나아가서는 일을 통해 내가 가야 할 길을 찾고, 내가 깨달아야 할 진리를 발견하고, 또 내가 살아야 할 생명을 살기 위함입니다. 심력은 그중에서도 내가 살아야 할 생명이 무엇인지 발견하는 작업과 가장 관련이 있습니다. 생명은 심장이 뛰는 가슴에서 시작돼요. 그래서 자기 가슴에서 우러나는 소리를 듣고 그에 화답하는 자만이 생명력 있는 삶을 살 수 있는 것입니다.

아메리카 원주민 가운데 어느 부족은 아이가 좀 크면 이렇게 말해 준다고 해요. 이제 너는 동서남북 위아래 어디로든 갈 수 있을 만큼 컸지만 가장 중요한 것은 일곱째 방향으로 가는 것이라고, 거기에 삶의 가장 큰 보물이 감춰져 있다고 말입니다. 여기서 말하는 일곱째 방향이란 바로 자기 자신의 가슴을 말합니다. 아주 어릴 때는 누가 가르쳐 주지 않아도 제 가슴이 하는 말에 귀 기울이고, 가슴이 뛰는 것을 본능적으로 찾아서 합니다. 하지만 어른이 되어가면서 차차 가슴을 잃어버리지요. 자기 생각으로 꽉 차서 아무것도 들을 수 없고 말할 수도 없게 되는 겁니다.

이것을 본래대로 회복하려면 훈련이 필요해요. 잘 듣고 잘 보는 훈련, 생각과 사실을 분리하는 훈련, 또 나를 이해하고 상대방에게 공감함으로써 관계 맺는 법을 훈련해야 하는 겁니다. 이 과정에서 특히 중요한 것은 명상을 생활화하는 것이지요. 매 순간 깨어 있어야만 내가 무엇을 듣고 무엇을 보는지, 또 무엇을 생각하고 느끼고 행동하는지를 하나하나 자각할 수 있으니까요.

여러분, 반복된 훈련만큼 나를 변화시키는 것은 없습니다. 어떤 사람이 박사논문을 쓰기 위해 올림픽에서 금, 은, 동메달을 따는 사람과 4, 5등 하는 사람의 차이를 조사했답니다. 오랜 기간에 걸쳐 수백 명을 대상으로 조사해서 얻은 결론은 이것입니다. '소질과 재능의 차이는 거의 없다. 다만 연습 방법과 연습량의 차이로 실력이 나뉠 뿐이다!' 올림픽 종목도 이런데 하물며 삶은 어떻겠습니까. 연습 하나 하지 않고, 혹은 조금 하다 그만두길 반복하면서 뭐가 바뀌길 기대하는 자체가 말이 안 되는 것 아니겠습니까.

보통 사람은 부모에게서 배운 삶의 기술과 태도를 가지고 평생을 삽니다. 어릴 때 무의식적으로 학습되고 주입된 것으로 사는 거예요. 그것이 맞았는지 틀렸는지 한 번 점검도 안 해 보고 그냥 사는 겁니다. 삶이 지루한 이유는 그 때문이에요. 그런 삶에는 품격도 없고 열정도 없습니다. 그에 비하면 이런 강의를 듣고 수련을 함으로써 날마다 새로운 삶의 기술과 지혜를 전수받을 수 있는 여러분은 얼마나 행복한 사람인가요?

그러니 여러분은 자신의 현실에 감사하며 오직 연습에 연습을 해 나가십시오. 한번 시작했으면 최소 3년은 밀고 나가야 해요. 그런 후에 이 방법이 안 맞는 것 같으면 다른 방법을 찾으세요. 그래도 늦지 않습니다. 오히려 문제는 이것 조금 저것 조금 건드리면서 계속해서 방황을 하는 것이지요. 그와 같은 영적인 미아가 되지 않으려면 하나를 잡고 뚝심 있게 밀고 나가야 합니다. 가고 가다 보면 그 길이 여러분을 진리 앞으로 데려다 줄 것입니다.

오늘은 여기까지 합니다. 고맙습니다.

7장

자기 마음속에 이미 다 되어 있는 세계를 보라

/ 일 잘하는 둘째 방법, 심력 다지기 2 /

좋은 마음은 지금에 충실한 마음

오늘도 지난 시간에 이어 계속해서 심력 키우는 법을 주제로 이야기하겠습니다.

심력이란 한마디로 마음의 힘입니다. 그 힘을 잘 발휘하려면 무엇보다 마음의 상태가 좋아야 해요.

남태평양 뉴브리튼 섬에 들어간 심리학자가 그곳에 사는 원주민들에게 "어떻게 하면 당신들처럼 좋은 마음을 가질 수 있느냐?"고 물었습니다. 그러자 "지금 하는 일에 전심전력을 다하면 좋은 마음이 저절로 우러난다."는 답변을 들려줍니다. 그때 심리학자가 얼마나 놀랐을까요. 본인은 그것을 연구하느라 평생에 걸쳐 엄청난 양의 책을 읽고 돈 들여가며 공부를 하고

도 자신 있게 대답을 못하는데, 문명의 혜택은커녕 교육도 제대로 못 받은 이들이 그처럼 멋진 답변을 제시하니 말입니다.

대부분의 사람들은 좋은 마음이 우러나려면 이러이러한 조건이 갖춰져야 한다고 생각합니다.

예를 들어 부모가 칭찬을 해 줘야 마음이 흡족해진다고 하는 사람이 있습니다. 또 어떤 사람은 누군가로부터 사랑을 받을 때라야 좋은 마음이 생긴다고 해요. 그 외에도 사소하게는 날씨가 좋아야 한다는 의견에, 거창하게는 사회정의가 실현되어야 한다는 주장까지 다양합니다. 대답은 각각 다르지만 여기엔 공통점이 있어요. 이들 모두 좋은 마음이 되는 조건을 자기 자신이 아닌 바깥에서 찾고 있다는 점입니다.

반면 뉴브리튼 섬의 원주민들은 차원이 다릅니다. 그들은 좋은 마음의 조건을 바깥이 아닌 '자기 자신'에게서 찾고 있어요. 더군다나 수십 년을 오로지 도만 닦아 깨달은 선사들이 하나같이 강조하는 '지금'을 말하고 있습니다.

어떻게 그럴 수 있느냐고요? 경험으로 아는 거지요. 지금 하는 일에 마음과 힘을 다할 때, 즉 지금과 내 마음이 일치될 때 기쁨으로 충만해진다는 것을 일상의 경험을 통해 이미 알고 있는 겁니다.

이 경지는 책을 읽어서 갈 수 있는 게 아니에요. 그럴듯한 이론과 사상을 몇 년 공부했다고 알 수 있는 것도 아닙니다. 오직 직접 해 봐야만 알아요. 제 발로 가본 사람만이 길을 알듯이, 어떤 일이든 전심전력을 다해서 해 본 사람만이 그 충만하고 행복한 마음 상태를 경험할 수 있다는 말입니다.

그러니 여러분도 이 강의를 그냥 듣고 끝내서는 안 됩니다. 심력을 키우는 방법, 일 잘하는 방법 백날 들으면 뭐합니까. 그 중 하나라도 잡고 하루에 수십 번 수백 번씩 연습을 해야 해요.

예를 들어 잘 듣고 기억하기를 연습하겠다고 작정하면, 누가 무슨 소리를 하든지, 설혹 그것이 내 귀에 거슬리고 마음에 안 들어도 경청하고 메모하고 기억해 보는 거예요.

또 명상으로 마음이 맑아지고 뇌가 깨끗해지는 그 단계를 경험하고 싶은 사람은 아침저녁으로 침묵하며 고요한 시간을 가져 보는 겁니다.

매 순간 자기가 무엇을 하고 있고 자기 안에서 어떤 생각과 느낌이 일어나는지도 세심하게 관찰하고요.

이렇게 직접 해 본 사람만이 좋은 마음을 가질 수 있어요. 즉, 비로소 심력이 튼튼해진다 이 말입니다. 그러면 거기서 좋은 생각이 나오고, 또 좋은 생각은 좋은 일을 불러들입니다. 이렇게 해서 인생 전체가 '좋아지는' 선순환의 고리가 연결되는 겁니다.

정리정돈, 사람 되는 첫 걸음

지금 소개할 방법도 일상적인 연습과 훈련을 통해야만 그 진수를 맛볼 수 있습니다. 심력을 키우는 여섯째 방법, 바로 '정리정돈'입니다.

제가 이 정리정돈과 청소를 중요하게 여기게 된 계기가 있어요. 금산군 지방리 시골마을에 들어가 건물 하나 지어 놓고, 이런저런 수련단체에 공간을 빌려 주면서 살던 때의 일입니다. 사람들이 어떻게 수련하나 하고 가끔 둘러보면 너무 지저분한 거예요. 수련하는 4, 5일 동안 청소를 한 번도 안 해서 방에는 머리카락과 먼지가 뭉치로 굴러다니고, 현관엔 신발이 뒤엉킨 채로 쌓여 있습니다. 또 화장실 쓰레기통에 휴지가 넘쳐나도 누구 하나 치우질 않아요. 그때 제 마음에 이런 의문이 올라옵니다. 마음공부에 도 닦는다고 이곳까지 들어온 사람들이 어찌하여 자기가 머무는 공간 하나도 깨끗하게 유지하지 못하는 것일까?

제가 이런 속내를 털어놓았더니 누군가 어떤 공동체 한 군데를 소개하더라고요. 가 봤더니 정말 엄청나게 깨끗해요. 또한 신발을 벗고 난 다음에는 항상 정확히 돌려놓는 겁니다. 그 모습에 감동을 받아서 수련 과정에 청소와 설거지와 신발 돌려놓는 것을 도입했어요. 인도인이 쓴 어느 책에서 성자나 청소부나 어원은 같다고 한 것을 본 기억이 떠올랐습니다. 그래서 특별히 청소에는 '성자 되기 첫째 걸음', 설거지에는 '성자 되기 둘째 걸음'이라는 명칭도 붙였지요.

그러고 나서 내심 뿌듯해하고 있는데, 하루는 수련하러 오신 나이 지긋한 목사님 한 분이 식사하는 법이 잘못됐다면서 '무슨 수련장이 이러냐, 절간보다도 못하다'면서 역정을 내시는 겁니다. 식사 후 음식을 남기는 건 수련 정신에 어긋난다는 거예요. 그럼 어떻게 하면 좋겠습니까, 하고 물었더니 빵 조각으로 접시를 깨끗이 닦아서 먹게 하면 된다고 하기에, 그 방법을 또한 곧바로 수련에 적용하기 시작했습니다.

그 목사님이 수련 끝나고 돌아가시면서 제게 《소학》을 권하기에 그것도 구해서 읽었지요. 《소학》 서문에서 주희는 이렇게 말했습니다. '소쇄응대掃灑應待 진퇴지절進退之節.' 물 뿌리고 청소하고 손님을 맞아 접대하고 어른 앞에서 나아가고 물러나는 예법입니다. 훗날 이것을 강조한 사람이 정암 조광조입니다. 하루는 조광조가 성균관에 갔는데 거기서 공부하며 생활하는 유생들 태도가 엉망이에요. 옷과 신발을 제멋대로 벗어 놓고, 누가 들어와도 다리를 그냥 뻗고 있는 등 아주 형편없는 겁니다. 그걸 보고 화가 난 조광조가 《소학》으로 돌아가자고 주장하지요. 우주 창조의 원리를 아는 것보다 우선 내 몸가짐, 내가 머무

우주 창조의 원리를
아는 것보다 우선 내 몸가짐,
내가 머무는 자리를 깨끗이 하고
상대에게 예의를 갖추는 게 중요합니다.

는 자리를 깨끗이 하고 상대에게 예의를 갖추는 게 중요하다고
본 거예요.

저 또한《소학》해설서를 읽고 나서 곰곰이 생각해 보니, 청
소와 설거지 등의 생활수련이야말로 도의 시작이자 사람 되
는 지름길이라는 생각이 들더군요. 그래서 명칭을 '성자 되기'
에서 '사람 되기'로 바꾸었습니다. 이렇게 해서 현재 하고 있는
생활수련, 즉 청소와 설거지와 신발 돌려놓기와 식사 예절이
정립된 것입니다.

좋은 습관, 교육과 훈련에 의해 생겨나

어느 수도원에서 일어난 일입니다. 그 수도원에는 들어온 지 10
년이나 된 수사가 있어요. 동료들은 전부 그 수도원의 분원을

이끌어가는 책임자로 승진되어 떠나고, 이제는 그만 홀로 남아 식당에서 일을 하며 후배 수사들 먹을 것을 챙깁니다. 하루는 그가 저녁 늦게까지 남아 식당을 정리하고 청소를 하고 있었어요. 잠시 식당에 들러 그를 본 수도원장이 이렇게 묻습니다. "아직도 청소하니?" 그 말을 듣자 수사의 마음에서 불쾌함이 치밀어 오릅니다. 친구들은 다 승진해서 떠났는데 왜 나만 여기서 이러고 있나, 하는 생각에 쌓여 있던 울분이 터진 것이죠. 얼마나 화가 났으면 수사는 식당을 떠나는 원장의 등을 향해 자기도 모르게 들고 있던 빗자루를 집어던집니다. 그러자 원장이 뒤를 돌아보며 빙긋이 웃고는 이렇게 한마디 합니다. "네가 10년 동안 이 식당을 쓸고 닦은 넓이만큼 이 지구가 깨끗해졌단다." 그때 수사는 번쩍 정신이 듭니다. 자기가 이제껏 해 온 일이 얼마나 값진 것이었는지를 그제야 깨달은 거지요.

제가 볼 때는 그 수사가 식당을 쓸고 닦음으로써 깨끗해진 것은 비단 그 식당과 지구만이 아닌 것 같습니다. 필경 그의 내면까지 정갈하고 단정해지지 않았을까 싶어요. 실제로 정리정돈과 청소를 못하는 사람을 보면 정신 상태가 꼭 그렇습니다. 어느 하나에 집중을 못하고 머릿속이 항상 시끄러워요. 자기 안에 든 생각들을 제대로 분류하지 못해서 그런 겁니다. 반면 공부 잘하고 일 잘하는 사람 보면 자기가 아는 것, 앞으로 꼭 알아가야 할 것, 장기적으로 해야 할 일, 당장 처리해야 할 업무

등에 대한 생각이 아주 잘 분류되어 있어요. 이것은 이것끼리, 저것은 저것끼리 묶는 범주가 세세하면서도 분명한 겁니다.

어릴 때 정리정돈을 습관화한 사람은 커서도 문제가 없습니다. 다행히 요즘은 유치원에서부터 이런 교육을 합니다. 유치원에 가면 아이들이 처음으로 영역이라는 것을 배운다고 해요. 책은 여기서 읽고, 종이접기는 저기서 하고, 밥은 식당에서만 먹는다는 것을 끊임없이 알려주고 훈련함으로써 영역 교육을 한다는 말입니다. 또한 각각의 영역 안에서 뭔가를 한 다음에는, 반드시 자기가 사용한 물건들을 제자리에 가지런히 놓도록 교육하지요. 포괄적으로 보면 이 두 가지 모두 정리정돈을 잘하기 위한 교육이라 할 수 있습니다.

그런데 이런 기초적인 정리정돈의 개념마저도 숙지되어 있지 않은 학생들이 많아요. 레드스쿨만 해도 초반에는 엉망이었습니다. 심지어는 학생들을 책임지는 코치들마저도 수준이 비슷했지요. 그래서 제가 우선 코치들부터 확실히 가르치고, 그다음에 전 학생을 대상으로 3일 내내 정리정돈하는 법만 가르쳤습니다. 속옷 개는 법, 수건 개는 법, 양말 개는 법, 신발 정리하는 법, 쓸고 닦는 법 등을 하나하나 알려준 후, 개인별 방별로 검사해서 점수를 매겼죠. 그러고 나서 합격 못한 이들을 다시 훈련시켰더니 이제는 다들 아주 능숙하게 잘합니다.

그러면 아이들이 왜 그렇게 정리정돈을 못하고 어수선하게 살아온 것일까요? 좋은 유치원을 안 다녀서 그런 걸까요? 제가 볼 때는 부모로부터 못 배워서 그렇습니다. 다른 건 몰라도 생활태도와 기본예절은 부모를 통해 배우는 게 가장 빠르고 또 영향력이 커요. 부모의 습관을 따라간다는 말입니다. 그러니 여러분이 먼저 정리정돈 잘하는 법을 익혀서 생활화해야, 여러분의 자녀도 그런 사람으로 클 수 있습니다.

물건 정리와 마음 정리의 매뉴얼

우리 도반 가운데 몇 사람이 모여서 정리정돈 대행 및 교육 회사를 만들었습니다. 한번은 세종시에 사는 어느 부부 집으로 작업을 하러 갔는데, 식구 네 명이 전부 거실에서 모여 잔대요. 부부 침실이며 아이들 방이 물건으로 꽉 차서 몸 하나 누을 데가 없다는 겁니다. 그러니 부부관계는 말할 것도 없고, 가족끼리 무슨 대화라도 제대로 나눌 수 있겠습니까? 그걸 보고 기가 막혀서 아이에게 물었답니다. "너 뭐하고 싶니?" 그러자 아이가 한숨을 내쉬며 쉬고 싶다고 그러더랍니다. 아이가 이제 중1인데 집에서 단 한 순간도 편안함을 못 느끼는 거예요. 친밀감을 느낄 수 없는 겁니다.

그 집도 처음에는 깨끗하고 여유로웠겠지요. 그런데 어느 날부터 물건이 자꾸만 쌓입니다. 새 것이 들어오면 기존의 것이 빠져나가야 하는데, 그 순환이 원활하지 않아서 그렇습니다. 그러다 어느 순간이 되면 현관문을 여는 것과 동시에 숨이 막히고 답답해져요. 집에서 편안함을 느끼기는커녕 내 몸 하나 옴짝달싹할 수조차 없으니 짜증만 납니다. 그러니 가족 간에 무슨 소통이 되고 내 머리에서 어떻게 창조적인 생각이 나오겠습니까. 상황이 이 정도로 악화되면 전문가의 도움을 받아야 해요. 아니면 이사를 가는 한이 있어도 싹 정리를 해야 합니다.

그런데 정리하는 데도 매뉴얼이 있습니다. 일단은 물건들을 꺼내야 합니다. 주변에 집 안 치우는 사람들 있으면 잘 보세요. 여기저기 처박아 둔 물건들을 절대 안 꺼냅니다. 남에게 보이기 부끄러워서, 혹은 스스로 감당이 안 되어서 그래요. 하지만 꺼내야 그다음 작업인 분류로 넘어갈 수 있어요. 여기서 분류는 필요한 물건과 그렇지 않은 물건으로 나누는 겁니다. 처음에는 다 필요할 것 같지만, 생각이 아닌 사실에 입각해서 보면 정말 필요한 것은 그렇게 많지 않아요. 이렇게 분리가 다 되면, 그다음은 정리해서 넣기입니다. 이게 마지막이에요. 꼭 필요한 물건들을 가장 적당한 곳에 놓음으로써, 쓰기에 편하고 보기에 아름답도록 하는 거지요.

그리고 보면 물건을 정리하는 작업이 마음을 정리하는 작업과 아주 흡사해요. 여기 살림마을에는 마음이 미움과 분노와 슬픔과 무기력으로 가득 차서 뭘 어떻게 해볼 수 없는 분들이 주로 옵니다. 그걸 비우고 내게 도움이 되는 새로운 생각과 느낌들로 채우기 위해 오는 거예요. 그런데 비우기 위해서는 먼저 뭘 해야 합니까? 물건 정리하는 것과 같아요. 먼저 꺼내 놔야 합니다. 그래서 깨어나기 수련 첫날에 무엇이 내 마음을 이렇게 분노와 슬픔과 무기력으로 꽉 차게 만들었는지 이야기하게 하는 겁니다.

그런 다음엔 나의 그 마음을 생각과 느낌, 사실로 나누지요. "화가 날 일입니까?"라는 물음을 통해 생각들을 다 내려놓고 사실을 찾아가게 하는 겁니다. 마치 필요 없는 물건은 다 버리고 필요한 물건들만 남기는 것처럼 말이에요. 여기까지만 제대로 작업을 해도 마음이 싹 비워지는 것을 경험합니다. 지금껏 나를 괴롭혔던 생각들이 끝나는 경험을 하는 거예요. 그때 비로소 사실을 봅니다. 더 이상 미워할 사람도, 화날 일도 없는 세계를 만나는 거예요. 그리고 나면 사실이라는 바탕 위에서 새롭게 내 생각과 느낌을 가져다 쓸 수 있게 됩니다. 처리하고 남은 물건들을 공간에 재배치하듯이, 마음도 그렇게 재부팅되는 것입니다.

이처럼 정리정돈은 외적으로만 필요한 게 아니라 내면에도 필요해요. 깨끗하고 정갈한 집, 물건에 치이지 않는 여유로운 방, 좋은 기운과 에너지가 원활하게 흐르는 공간은 누구에게나 자랑하고 싶듯이, 우리의 내면도 그렇습니다. 사실과 생각을 명료하게 구분하는 마음, 부정적인 기운이 아닌 긍정적인 기운으로 가득한 생각, 두려움이 아닌 사랑으로 응답할 수 있는 능력을 지닌 사람은 누구를 만나도 흔들림이 없고 떳떳합니다. 그래서 여러분은 집안 정리뿐 아니라 내 마음, 내 의식을 정화하고 정돈할 수 있는 수련을 꾸준히 해야 하는 거예요. 그래야 우리 뇌가 죽을 때까지 새로워질 수 있고 그런 사람만이 일을 잘할 수 있습니다.

기도로도 과거와 미래를 바꿀 순 없어

이제 심력을 키우는 비법을 공개할 차례입니다. 이것은 일을 정말 잘할 수 있게 만드는 특별 비법이에요. 아무나 알 수 없는 우주의 중대한 비밀 가운데 하나이기도 하지요. 그러니 잘 듣고 기억하여 잘 써먹어야 합니다.

보통 사람들이 하늘에 기도할 때 뭐라고 합니까? 뭘 자꾸 달라고 하지요. 교회 다니는 사람이나 성황당 앞에서 비는 사람이나, 또 부처님 앞에서 절하는 사람이나 거의 같아요. 건강과 재물을 달라고 하고, 내 자녀 좋은 학교 들어가 취업에 성공하게 해달라고 합니다. 수많은 미혼남녀들은 또 자기에게 좋은 짝을 달라고 기도해요. 그런데 신이 계신다면 과연 이런 기도를 들어줄까요? 어쩌면 이런 기도야말로 신을 너무 째째하고 편협하게 만드는 것 아닐까요? 생각해 보십시오. 신이 단지 개개인의 사사로운 소원을 들어주는 분이라면, 서로 달라고 하는데 어떻게 누구는 주고 누구는 안 줄 수 있겠습니까.

더군다나 이런 기도들은 하나같이 초점이 미래에 맞춰져 있어요. 내가 지금 아프니 다음 순간에는 안 아프게 해달라고 하고, 내가 지금 돈이 너무 없어서 고생스러우니 내일은, 아니 일주일 뒤에라도 뭔가 좋은 일이 생겨서 살림 좀 펴게 해달라고 요구하는 겁니다. 그런데 우리의 실제 삶은 늘 현재진행형이기 때문에, 아무리 간절한 기도를 올린다 한들 미래를 바꿀 수는 없습니다.

예를 들어 설명하면 이렇습니다. 30대 초반의 김철수라는 사람이 있다고 칩시다. 그가 지금 현재의 모습으로 살아가기까지는 그 앞에 무엇이 있었을까요. 20대의 삶이 있었겠지요. 또 그 앞에는 10대의 삶이 있었을 겁니다. 그렇게 계속 거슬러 올라가면 아주 어린 시절이 나오고, 그를 잉태한 부모님도 나와요. 우리는 이 모든 것을 '과거'라 부릅니다. 그렇다면 김철수의 40대는 어떨까요. 지금 30대 초반이니 앞으로 남은 30대를 어떻게 살아가는가에 의해 결정되겠죠. 그리고 40대에 어떻게 사는가에 의해 50대가 결정되고, 그런 식으로 '미래'가 만들어질 것입니다. 이게 말하자면 개인의 일생인데, 여기서 과거를 바꿀수 있습니까? 못 바꾸죠. 미래는요? 역시 못 바꿉니다. 미래가바뀔 수 있다고 속으면 안 돼요. 아직 오지도 않은 미래를 무슨수로 바꿉니까. 변화는 늘 지금 이 순간에만 일어납니다. 내가바꿀 수 있는 것은 오직 현재뿐이다 이 말입니다. 그러니 여러분은 미래를 바꾸어 달라고 하는 기도는 전부 거짓이고 가짜에불과함을 아셔야 합니다.

심력 키우기 7
이미 다 되어 있는 세계를 보라

여기서 심력을 키우는 일곱 번째 방법, 우리가 어떤 태도로 현재를 살아갈 때 기적이 일어나는지에 대한 비결이 제시됩니다.
 이와 관련해 먼저 성경에 등장하는 예수의 일화를 하나 보겠습니다. 하루는 예수가 바다를 건너 '거라사'라는 지방에 갔어요. 그곳에서 예수는 그 지방 회당의 우두머리인 야히로라는자를 만나는데, 그가 예수에게 부탁하기를 자기 딸이 죽었으니고쳐달라고 합니다. 그랬더니 예수가 네 딸은 죽은 게 아니라잠을 자는 것이라고 하지요. 그러고는 남들은 다 죽었다고 믿는 그 딸을 일으켜 세우기 위해, 베드로와 요한 같은 제자들만 미래가 바뀔 수 있다고 속으면 안 돼요.
아직 오지도 않은 미래를 무슨 수로 바꿉니까.
변화는 늘 지금 이 순간에만 일어납니다.

데리고 방으로 들어가 문을 닫습니다.

여기서 회당장의 딸은 우리 안의 디자이어, 즉 참나의 욕망을 의미해요. 지금 당장은 죽은 것처럼 보이지만 사실은 우리 안에 있다는 거지요. 그런데 그걸 살려내기 위해서는 일단 문을 닫아야 해요. 이 일화의 핵심은 바로 문을 닫는 데 있습니다. 예수가 닫은 건 그냥 방문이 아니라 감각의 문, 즉 오감의 문이에요. 다시 말해 예수는 오감만 가지고는 너의 진짜 꿈, 디자이어를 이룰 수 없다고 말해 주고 있는 것입니다.

우리가 처한 현실을 예로 들어 설명하면 이렇습니다. 아는 분 중에 춤추는 사람이 있어요. 춤을 전공하지 않았고 또 무용단에 소속돼 있지도 않지만, 누구보다 춤을 사랑하고 또 그 방면에 소질과 재능이 있는 사람이에요. 그가 정말 이루고 싶어 하는 꿈이 뭐냐 하면, 뉴욕에서 개인공연을 여는 겁니다. 그런데 주변 사람들이 하나같이 반대를 해요. 춤은 그냥 취미로 하고 빨리 취직해서 대충 살다가 괜찮은 남자 만나 결혼이나 하라고 합니다. 그런 말을 자꾸 듣다 보니 본인 스스로도 자기 꿈에 확신을 갖지 못해요. 오히려 점점 생각이 부정적으로 흐릅니다. '내가 무슨 재주로 뉴욕까지 가서 공연을 한다고……. 에잇, 헛된 꿈은 접고 남들 말대로 돈이나 벌어서 시집이나 가자.' 뭐이렇게 되는 거지요.

그러면 왜 이렇게 되는 것일까요? 그 이유는 분명합니다. 몸의 오감, 즉 감각으로만 받아들여서 그렇습니다. 감각으로만 세상과 접촉하는 평범한 사람이 뉴욕에서 공연을 한다는 것은 실현 불가능한 꿈이자 헛소리로만 여겨진다는 얘기예요. 어디 뉴욕공연만 그렇겠습니까? 이제 겨우 월급 백만 원 받는 회사원이 20년 후에 자기 회사를 세워 연매출 백 억을 올리는 최고경영자가 되겠다는 꿈을 이야기할 때, 과연 누가 진심을 다해 박수를 쳐줄 수 있을까요? 감각으로 듣고 감각으로 보는 한, 부정적으로 반응하는 게 당연합니다. 그래서 예수는 문을 닫은 거예요. 잠들어 있는 디자이어를 깨우기 위해, 실현 불가능해 보인다는 이유로 필생의 꿈을 잃고 죽은 듯 살아가는 사람들을 부활시키기 위해, 감각의 문을 닫고 그 너머의 전혀 다른 세계, 이미 다 되어 있는 존재계를 펼쳐 보인 겁니다.

감각 너머의 세계는 오직 우리가 감각의 문을 닫는 순간에만 자신을 드러냅니다. 위대한 과학자와 예술가들은 다 그 세계와 접속하여 작품을 '발견'해 낸 사람들이에요. 에디슨은 전기를,

베토벤은 〈운명〉이라는 음악 작품을 발견했지요. 새로 만들어 낸 게 아니라는 말입니다. 다만 어느 차원에서 다 되어 있는 것을, 자기 자신을 통해 실현한 것뿐입니다. 스티브 잡스도 이미 20년 전에 스마트폰 밑그림을 가지고 있었어요. 그때 그의 의식은 4차원에 연결되어 있었던 겁니다. 그래서 남들은 볼 수 없는 것을 본 거지요. 하지만 감각으로만 3차원을 사는 이들은 그의 아이디어에 어떤 반응을 보였나요? 다들 미쳤다고 그랬습니다. 그런데 지금은 그게 현실이 되어 너도 나도 스마트폰을 쓰고 있으니, 정말 놀랍고 신기하지 않습니까?

오직 지금이 꿈을 실현할 유일한 때

제가 30대 초반에 진산으로 들어간다고 했을 때도 아는 이들 모두가 반대했습니다. 그 시골 오지에 무슨 사람이 있다고 거기 가서 공동체를 꾸리고 수련을 하느냐고 다들 만류했어요. 당시 제 꿈은 도시와 농촌을 연계한 영성공동체를 이루어 도시 아이들을 주말에 시골마을로 데려와 자연을 접하게 하고, 한 달에 두 번은 성인을 대상으로 영성수련을 진행하는 것이었습니다. 다들 안 된다고 했지만 제게는 확신이 있었지요. 감각의 문을 닫고 내 꿈이 이미 다 실현되어 있는 세계를 보았기에 두려움이 없었던 겁니다. 다행히 집사람이 지지를 해 준 덕분에 수저 백 벌을 사갖고 그 시골로 들어갔습니다. 그때도 사람들은 생활비도 못 벌면서 참 꿈도 크다고 그랬습니다만, 요즘은 정말로 수련하러 매달 백 명이 넘게 옵니다. 그러니 당시 제가 본 게 영 헛것은 아닌 거지요?

누구든지 다 이루어진 그 세계를 만나면, 미래가 아닌 지금 여기서 꿈을 실현하며 살 수 있습니다. 4차원인 그 세계에는 오직 지금밖에 없으므로 과거, 현재, 미래라는 시간 개념이 아예 존재하지 않아요. 따라서 내가 가우디처럼 위대한 건축가가 되고 싶다면, 그 꿈을 미래로 미루지 말고 지금 가우디가 되어 가우디처럼 생각하고 행동하며 살면 되는 겁니다. 또 연매출 천억 올리는 최고경영자가 되는 게 꿈이면 그렇게 사세요. "나는 이제부터 연매출 천 억 올리는 최고경영자다." 하고 스스로에게 선언하고 그 마인드로 지금 해야 할 일을 하고 사람을 만나고 영업을 뛰는 겁니다. 이에 대해 누가 부정적인 소리를 하면 어떻게 하라고요? 감각의 문을 닫으면 됩니다. 어차피 다 되어 있는 세계는 감각으로 갈 수 없고 볼 수 없고 느낄 수 없는 세계니까요.

이렇게 살면 더 이상 하나님 부처님에게 뭐 달라는 식의 기도는 하지 않게 돼요. 이미 다 이루어져 있는데, 단지 그에 접속하여 나를 통해 이 땅에 실현하면 되는데 달라고 보채고 구걸

할 이유가 어디 있습니까. 신이 인간을 전부 거지로 만든 게 아니잖아요. 오히려 신은 모든 것을 주셨습니다. 그러니 내가 그걸 발견하기만 하면 끝이에요. 이것이 바로 목적이 이끄는 삶이고, 이것을 내 의식에 깔아서 작동시키는 삶입니다.

물론 내가 그 세계에 접속해서 꿈을 이룬 것처럼 산다고 해서, 정말 그 꿈이 나를 통해 현실로 나타날지는 알 수 없습니다. 또한 나타난다면 언제 나타날지, 일 년 후가 될지 십 년 후가 될지, 아니면 그 이상이 걸릴지 알 수 없습니다. 그러나 해 보는 겁니다. 그게 믿음이에요. 그 세계를 보지도 못하고 무조건 믿으면 맹신이지요. 그런 사람은 마음 깊은 곳에 확신이 없기에 아무런 행동도 안 합니다. 하지만 감각의 문을 닫고 한 번이라도 그 세계와 접속해 본 사람은, 꿈이 무엇이든 그것이 나를 통해 일어날 수 있음을 알기에 결과는 하나님에게 맡기고 나는 그 꿈과 연결되는 작업에만 몰두합니다. 이것이 결국은 지금 여기에서 디자이어를 실현하는 길이에요. 설혹 내가 꿈꿔온 그대로 이 땅에 나타나지는 않더라도, 꿈에 접속하는 과정에서 얻는 기쁨과 행복은 똑같습니다. 그래서 이것을 경험한 사람은 하나의 꿈만 꾸고 끝나는 게 아니라 계속해서 또 다른 꿈을 꾸고 실현하는 길을 갈 수 있는 것입니다.

최고의 선택 앞에 길은 저절로 열린다

앞서 심력을 키우는 많은 방법들을 이야기했습니다만, 그 모두를 한마디로 정리하라고 하면 '자극과 응답 사이에서 내게 가장 좋은 최고를 선택하는 것'이라 하겠습니다. 무수한 자극과 응답들 사이에 공간이 있으니, 자극이 들어오면 기계적으로 반응하지 말고, 잠시 그 사이에 머물면서 내게 행복과 기쁨과 자유를 가져다 줄 수 있는 것을 선택하여 응답하라는 겁니다. 잘 듣고 기억하기, 잘 보고 하기, 생각과 사실을 구분하여 알리기, 내 생각과 행동을 알아차리기, 정리정돈 잘하기 등은 모두 그 최고의 응답을 선택하기 위해 내가 키워야 할 덕목들입니다. 이런 것들을 연습하지 않으면 자극이 들어올 때 나도 모르게 내가 원하지 않는 반응을 하게 돼요. 그러면 삶이 복잡해지고 어려워지고 일이 안 풀립니다.

그러므로 여러분은 뭔가 문제가 생겨 삶이 고통스러울 때, 좌절하고 원망하고 도망치기보다는 그것을 우주의 신호이자 선물로 받아들이고 감사해야 합니다. 고통이야말로 나를 다시 제 궤도로 복귀시켜 최고의 선택을 내릴 수 있게 훈련하는 우주의 배려이기 때문입니다. 따라서 힘들수록 남의 말을 더 경청하고, 명상을 더 생활화하고, 마음과 주변을 더 정갈하게 가다듬어야 해요. 그러면서 또한 이미 되어 있는 세계를 느끼고 경험하는

데 힘써야 합니다. 이것을 하는 데는 많은 시간이 필요하지 않아요. 아침저녁으로 가장 고요한 시간을 택해 가만히 앉아보세요. 그리고 그때 발견되는 참나, 그 무한하고 영원한 존재를 온몸과 마음으로 느껴보는 겁니다. 그 나는 누구도 어떻게 할 수가 없어요. 무엇이든 할 수 있게 이미 되어 있는 존재입니다. 그러니 내가 실현하지 못할 꿈이 뭐가 있겠습니까.

여러분, 그 참나는 여러분이 어디에서 무엇을 하든지 항상 곁에 있습니다. 존재인 나와 이 세상에 나타난 나는 늘 하나로 연결되어 있다고요. 그러니 두려워 말고 무엇이든 가슴 깊이 원하는 것을 하세요. 다 되어 있음을 믿고 가십시오. 앞서 성공한 사람들, 위대한 작품을 남긴 사람들은 다 그 길을 선택해 따라갔어요. 여러분이 그 대열에 끼지 못하란 법은 없습니다. 우리 모두는 그러므로 그 길 위에서 만나게 되어 있습니다.

오늘은 여기까지 합니다. 고맙습니다.

8장

풍성한 삶을 만들 지력은 책에서 나온다

/ 일 잘하는 셋째 방법, 지력 기르기 /

원만함, 최고가 되는 비결

오늘은 글 한 편으로 시작할까 합니다.

"일하는 게 너무 싫어서
 한 주 내내 주말을 기다린다면,
 퇴근만 기다린다면,
 주말에 오락을 즐기며 기뻐하는 만큼,
 집에 가서 멍청히 티브이 보는 만큼,
 평일 일하는 시간은 불편하고 불행할 것이다."

회사에서 미리 가방 싸 놓고 퇴근시간만 되기를 기다리는 사람들, 자기가 일할 수 있는 직장이 있는 것에 감사할 줄 모르는 사람들, 오로지 먹고살기 위해서 일을 하는 사람들의 생활을 담은 시입니다. 이것을 읽으니 재미있다기보다 왠지 슬퍼지네요. 주변의 많은 사람이 이렇게 살고 있다고 생각하면 가슴이 아픕니다.

고작 이 정도의 관점과 태도로 일을 대하는 사람은, 일을 할 때 화가 나게 되어 있어요. 사장이든 선후배든 거래처든, 누군가에 대한 원망과 짜증을 품게 되어 있습니다. 그렇게 하루 여덟아홉 시간을 회사에서 보낸다고 생각해 보십시오. 삶이 망가지지 않고 배기겠습니까?

삶은 한마디로 말하면 관계입니다. 아침에 눈뜨면서부터 밤에 잠들기까지 내게 일어나는 것 중 관계 아닌 것이 없어요. 심지어는 꿈을 꾸면서도 관계를 합니다. 당장 지금 이 자리만 봐도 관계가 이루어지고 있음을 알 수 있지요. 누구와 누구의 관계입니까? 저와 여러분의 관계예요. 저는 강의를 하고 여러분은 듣습니다. 이와 같이 관계에는 사람이 빠질 수 없습니다. 그렇다고 사람만 있어서는 곤란하죠. 관계를 하려면 또한 어디와 언제, 즉 공간과 시간이 뒷받침되어야 합니다. 다시 말해 우리(나와 여러분)는 화요일 오후 7시에 서울 강남 리베라 호텔에서 열리는 '일'에 관한 강의에서 만나고 있다고 해야, 비로소 지금 일어나는 관계를 온전히 설명했다고 할 수 있는 겁니다.

관계는 이처럼 세 가지 요소, 즉 시간, 공간, 인간으로 구성됩니다. 이 중 하나만 빠져도 관계가 일어날 수 없어요. 그렇다면 결국 나의 삶이란 내가 언제, 어디서, 누구를 만나느냐에 따라 결정되는 것 아닐까요.

시간, 공간, 인간. 이 세 요소를 동양사상에 빗대어 보면 천지인天地人이예요. 기독교적인 시각에서는 성부와 성자와 성령이 됩니다. 또 이것을 우리 인체에 대입해서 보면 어떻습니까. 머리와 가슴과 배가 되고, 이는 각각 지력과 심력과 체력을 의미합니다. 결론적으로 관계는 곧 삶이고, 삶은 곧 일이라는 거예요. 이 셋은 표현만 다를 뿐, 내용은 같습니다.

그러면 관계를 잘 맺는다는 것은 무엇일까요? 시간과 공간과 인간이라는 세 요소가 가장 잘 어우러져서, 즉 천지인이 조화를 이루고 성부 성자 성령이 삼위일체로 만나 원만해지는 것이지요. 또 일을 잘한다는 것은 머리와 가슴과 배가 균형과 조화를 이루어 지력과 심력과 체력이 고루 발달해, 역시 원만해지는 것입니다. 시간, 공간, 인간 중 어느 하나만 빠져도 관계가 성사되지 않는 것처럼 일도 마찬가지예요. 지력, 심력, 체력이 균형을 이루지 못하면 그 셋을 연결한 원이 찌그러집니다. 그래서야 제대로 잘 굴러갈 수가 없지요. 또 셋 다 크기가 작으면 원 자체도 작아져서, 작은 고랑 하나만 만나도 그 속에 빠져 헤어나질 못합니다. 제가 항상 최고의 삶은 원만한 삶이라고 말하는 이유는 이 때문이에요. 원이 크고 가득 차야 해요. 그래야 관계도 일도 잘 굴러갑니다. 또한 삶이 무한히 커져서 그 안에 품지 못할 것이 없어집니다. 말하자면 이루지 못할 게 없다는 겁니다.

그는 빵과 돈 대신 배움의 기회를 주었다

원만한 관계, 원만한 삶, 원만한 일을 위해 꼭 필요한 요소 가운데 하나인 '지력', 그 지력을 어떻게 키울 것인가가 실천 편의 마지막 주제이자 오늘 강의할 내용입니다.

올해 정월 초하룻날이었어요. 해마다 이 날이면 저를 포함해 형제들이 죽 앉아서 자녀와 조카들의 세배를 받습니다. 아이들의 관심이야 누가 세뱃돈을 얼마나 주는가에 있겠지만, 저는 그날 다른 형제들이 아이들에게 무슨 덕담을 하는지 그게 궁금해요. 그래서 늘 그들의 말에 귀를 기울이지요. 그런데 올해는 막내아우가 이렇게 운을 떼우는 겁니다. "얘들아, 내가 형보다 더 부지런하고 열심히 살았는데도 형보다 못 사는 이유가 있단다." 처음엔 제 얘기가 나와서 깜짝 놀랐어요. 더군다나 그처럼 자기고백 같은 얘기가 그 자리에서 나오리라고는 상상을 못했죠. 그래서 저뿐 아니라 온 식구가 귀를 쫑긋 세우고 막내를 바라보고 있는데, 그가 이런 말을 하더라고요. "내가 요즘 그 이유를 알았다. 그건 형은 책을 읽었고, 나는 안 읽었다는 것이다. 그러니 너희도 책을 부지런히 읽어라. 그래야 나중에 커서 잘 살 수 있다."

막내가 한 덕담의 핵심은 책을 읽으라는 거였습니다. 제가 지금부터 하려는 이야기도 바로 그것이에요. 지력은 책을 통하지 않고서는 키울 수가 없기 때문입니다. 그러면 책이 뭐기에 그처럼 책 읽는 것이 중요할까요?

미국에서 실제로 있었던 일입니다. 대학교수 하나가 감옥에 가서 사형수를 만나요. 한 번 만나고 끝인 게 아니라 정기적인 만남을 통해 사형수에게 소크라테스의 사상과 철학을 전해줍니다. 그러던 어느 날 형 집행일이 되자 사형수는 이런 말을 남기고 세상을 떠납니다. "내가 진작 이런 말을 듣고 가르침을 받았다면 지금 이렇게 살인자가 되어 감옥에 와 있지는 않을 것입니다." 사형수의 그 말에 감동을 받은 교수는 훗날 그 사형수의 자녀들을 만나서 철학을 가르칩니다. 그리고 1995년에는 성매매 여성, 노숙자, 빈민, 죄수, 알코올 및 마약 중독자, 에이즈 환자 등을 대상으로 정규 대학 수준의 인문학 강좌를 열어요. 그것이 바로 그 유명한 미국의 인문학자 얼 쇼리스Earl Shorris의 '클레멘트Clement 인문학 코스'예요.

그러면 쇼리스 교수는 왜 이 세상의 가장 낮은 곳에 있는 이들에게 인문학을 가르치기 시작했을까요? 그 이유는 분명합니다. 인문학이 그들을 근본적으로 변화시킬 수 있다고 본 겁니다. 그래서 남들은 그들에게 당장 먹을 빵과 생필품을 마련할 돈을 줄 때, 그는 배움의 기회를, 그것도 정규 대학 수준의 질 높은 학습의 기회를 준 거예요.

실제로 이 인문학 강좌를 통해 사람들은 서서히 변화해 갔습니다. 자기 내면을 들여다보고 성찰을 하기 시작한 겁니다. 그러면서 자아 정체성을 되찾고 자존감을 회복했지요. 그 결과 그들은 더 이상 사회에서 소외된 주변인으로 남는 것을 거부하고, 당당한 사회 구성원이 되어 자신이 지닌 재능을 펼치면서 다른 이들과 소통하는 길을 택했습니다. 말하자면 인문학을 배움으로써 지력을 키운 이들이 자기의 삶에 일대 혁명을 일으킨 것이지요. 이 감동적이면서도 강력한 메시지를 전해 주는 이야기가 우리나라에도 《희망의 인문학》이라는 제목의 책으로 나와 있어요. 한번 읽어보면 왜 인문학을 공부하는 것이 삶에 희망이 되고 혁명이 되는지, 여러분도 직접 느낄 수 있을 것입니다.

지식의 힘을 이길 것은 없어

지력이 왜 중요한지를 보여 주는 또 하나의 예를 들고자 합니다. 유명 대학에서 교육학을 전공한 청년 두 명이 있습니다. 이

인문학 강좌를 통해 사람들은
서서히 변화해 갔습니다.
인문학을 배움으로써 지력을 키운 이들이
자기의 삶에 일대 혁명을 일으킨 것이지요.

름이 각각 마이클 파인버그와 데이비드 레이예요. 이들은 아이들에게 꿈과 희망을 주는 교육을 하기를 원했습니다. 그런데 기획을 잘해서 예산을 타고 학교를 배정받아도, 정작 시행 단계에만 이르면 실패를 하는 겁니다. 그렇게 몇 번 실패를 반복하다, 마침내 새로운 교육 프로그램인 키프KIPP, Knowledge Is Power Program를 고안해 내어 뉴욕 시에서도 가장 가난한 사우스 브롱크스 지역으로 가지요. 거기서 흑인 학생들과 히스패닉학생들이 모여 있는 학교의 반 하나를 배정받아 자신들이 창안한 새로운 교육법을 적용하기 시작합니다.

'SSLANT' 교육법이라 불리는 그 프로그램의 내용은 다음과 같습니다. S — 웃어라smile, S — 똑바로 앉아라sit up, L — 들어라listen, A — 질문하라ask question, N — 누군가 말에 고개를 끄덕여 반응하라nod when being spoken to, T — 수업 내용을 놓치지 말고 좇아가라track with your eyes.

두 사람은 키프 프로그램으로 교육받는 학생들에게 매일 'SSLANT'를 하도록 훈련하는 한편, 왜 그렇게 해야 하는지를 늘 각인시켰습니다. 더 이상 부모처럼 살고 싶지 않다면, 부모로부터 대물림된 가난과 마약과 폭력에서 벗어나기를 바란다면 이렇게 공부를 해서 대학에 가야 한다고 말입니다. 오죽하면 "나는 00년에 대학에 입학한다!"는 구호를 매일 외치게 했겠습니까. 그런데 놀랍게도 그 프로그램과 교육법이 대단한 성공을 거둬요. 학생들이 공부를 하고 대학에 들어가기 시작한 겁니다. 그 이후 새로운 교육법은 학교 전체로 확산되었고, 지금 그 학교는 뉴욕 시에서 가장 선호도가 높은 공립학교가 되었다고 합니다.

여러분, 그 학생들이 진정한 배움의 기회를 얻지 못하고 공부와 대학 진학을 포기했다면 어땠을까요. 아마도 열 명 중 아홉 명은 부모와 똑같이 가난하고 무지하고 허약한 삶을 살며 사회 밑바닥을 전전하고 있지 않을까요. 그런데 공부를 함으로써 그들의 운명이 바뀐 거예요. 똑바로 앉고, 잘 듣고, 모르는 것은 질문하고, 남이 얘기할 때는 고개를 끄덕이며 반응하고, 잘 웃고, 선생님이 가르치는 것을 잘 따라가면서 공부를 했기에, 즉 지력이 커져서 삶이 변화했다는 말입니다.

지력은 이렇게 힘이 셉니다. 그 무엇보다도 강해요. 그 산증인이 바로 유대인들입니다. 이스라엘로 성지순례를 가면 사람들이 꼭 들르는 데가 있어요. '마사다Masada'라고, 로마군과의 전쟁에서 마지막으로 격전을 벌이다 패한 곳입니다. 가서 보면 왜 마사다가 마지막 요새였는지 알 수 있습니다. 그만큼 지리 적으로 훌륭한 조건을 갖추고 있지요. 도저히 로마군이 올라올 수 없게 돼 있어요. 높은 성에서 돌을 굴리는데 어떻게 올라갑 니까. 하다못해 당시 로마군 총사령관이 그 옆에 산을 쌓기 시 작했어요. 산이 거의 완성이 되어가자 성 안의 이스라엘인들은 최후의 일인까지 싸우기로 결심하고 가족들을 다 죽입니다. 그 때 '벤 자카이'라는 랍비가 사람들에게 나서서 호소하지요. 여 기 있으면 다 망한다, 칼을 든 로마를 이기려면 책밖에 없다, 공 부해서 지식을 쌓아야 한다면서 자기가 밖으로 나가겠다고 합 니다. 그런데 누가 내보내 줍니까? 성문을 이스라엘 군사가 지 키고 로마 군대가 막아서고 있습니다.

하는 수 없이 랍비는 제자들에게 자기를 관에 넣어 밖으로 내보내 달라고 부탁합니다. 그렇게 해서 성을 무사히 빠져나간 그는 제 발로 로마 군대에 찾아가요. 워낙 유명한 랍비라 로마 총사령관이 그와 마주앉습니다. 벤 자카이는 먼저 앞에 앉은 총사령관이 곧 로마 황제가 될 것을 예측함으로써 그의 환심 을 삽니다. 그러고는 소원을 하나 들어주겠다는 총사령관에게 야부네를 보호해 달라고 청해요. 야부네가 어디냐 하면 학교가 있는 곳입니다. 토라가 있고 스승이 있고 학생이 있는 곳이에요. 벤 자카이는 그곳을 보호해야 훗날을 도모할 수 있다고 본 겁니다.

그의 예지력은 정확했지요. 야부네를 살림으로써 이스라엘의 지식이 지금까지 전수될 수 있었으니까요. 전 세계적으로 갑부와 최고 권력자들을 가장 많이 낸 나라가 어디입니까. 이스라엘이에요. 정치 금융 사회 어느 분야든 중요한 요직은 유대인들이 다 차지하고 있습니다. 세계 최강국이라는 미국에서 대통령으로 당선되는 사람이 제일 먼저 찾아가는 곳이 유대인 소사이어티라고 해요. 가서 고맙다고, 앞으로도 잘 부탁한다고 인사를 할 정도로 그들의 힘이 강력하다는 겁니다.

책, 수많은 뇌들을 연결하는 단말기

우리나라에서 지력이 가장 센 기업은 삼성입니다. 가장 머리가 좋아요. 그래서 특허가 많고 돈도 제일 많이 법니다. 삼성이 얼마나 위협적이면 그 대단하다는 애플이 재판을 다 걸겠습니까. 이미 애플은 삼성이 자기를 추월했다고 판단한 거예요. 말하자면 자기들이 보유하고 있던 지식이 삼성 쪽으로 이동했다고 본 겁니다.

제2차 세계대전 이후, 금융 조선 화학 전자 할 것 없이 모든 분야에서 세계 1등은 미국이었습니다. 그런데 1980년대 들어서 하나가 깨져요. 전자 분야의 1위가 일본으로 넘어갑니다. 이는 전자 분야에서만큼은 일본의 지식이 미국의 지식을 능가했음을 의미하는 거예요. 그런데 2000년 들어서 그 기록이 또 깨지죠. 삼성이 일본 기업들을 제치기 시작한 겁니다. 이런 것이 바로 지식의 대이동입니다.

미국이 전 세계 1위로 지식을 독점하고 있기 전에는 독일과 영국이 가지고 있었어요. 그 전에는 이탈리아 피렌체고요. 이런 식으로 지식의 이동을 역추적하면 그 기원이 그리스의 알렉산드리아 도서관이라는 것을 알 수 있습니다. 이 도서관은 알렉산더 대왕이 세계를 정벌한 후 제 이름을 따서 만든 곳에 세운 것입니다. 자기가 정벌한 지역에서 거두어들인 책들을 모두 그 알렉산드리아 도서관에 모아 놓지요. 그러니까 전 세계 지식은 바로 그 도서관에 집합돼 있던 책들로부터 비롯되었다고 해도 과언이 아닙니다.

그렇다면 책이 과연 뭐기에 세계를 움직이는 지식의 원천이 되는 걸까요? 제 책을 예를 들어 설명해 보겠습니다. 몇 해 전에 저는 천부경을 해석한 강의를 글로 엮어 《아침햇살의 천부경 강의》라는 책을 펴냈습니다. 그 책을 읽어본 사람은 알 거예요. 그 안엔 단지 천부경에 관한 내용만 들어 있지 않아요. 제가 알고 있는 다양한 지식과 정보와 깨달음의 내용들이 집약돼 있습니다. 그런데 저의 지식과 정보와 깨달음은 또한 제가 읽은 책들을 바탕으로 형성된 것이지요. 그러므로 제가 쓴 천부경 한 권에는 저를 비롯해, 제가 지금껏 읽어 온 책들을 쓴 수많은 저자와 또 그들이 영향을 받은 수많은 책을 쓴 저자들의 지식과 지혜가 담겨 있다고 봐야 합니다.

이를 비유적으로 표현하면, 책은 수많은 이들의 뇌를 연결하여 소통하게 하는 일종의 단말기가 아닌가 싶습니다. 책을 통해 그것을 쓴 사람의 뇌와, 그 저자에게 영향을 미친 수많은 뇌들, 그리고 그 책을 읽는 독자들의 뇌가 서로 연결되어 엄청난 양의 지식과 정보들이 입, 출력되고 있으니까요. 그러니 책을 통하지 않고는 지력을 키울 길이 없는 거지요.

뇌는 자극하고 훈련하기 나름

우리의 뇌는 유전자 하나마다 천 쪽 분량의 책 천 권을 저장할 수 있는 어마어마한 용량을 지니고 있답니다. 한마디로 지력이 발달할 가능성이 무한해서 우주의 온갖 정보를 다 담을 수 있다고까지 말하지요. 그리고 그 무한한 가능성은 누구에게나 주어져 있어요. 평등하다는 말입니다. 그런데 어떤 뇌는 좋은 것을 줘도 못 받습니다. 오히려 나쁜 방향으로 나가기도 하지요.

또한 같은 것을 습득하는 데도 뇌마다 속도의 차이를 보입니다. 누구에게나 공평하게 무한한 가능성을 지닌 뇌가 어찌하여 이렇게 상반된 양태를 보이는 것일까요?

이와 관련하여 중요한 단서를 제공해 주는 한 연구 결과가 《나는 왜 일하는가》에 실려 있습니다. 짐 팰런Jim Fallon이라는 신경과학자가 오랜 기간에 걸쳐 '정신병 살인자'들의 특징을 연구해요. 그 결과 정신병으로 인해 살인을 저지른 이들의 뇌에는 공통점이 있음을 발견합니다. 눈 바로 위 안쪽 깊숙한 데 위치한 안와피질이 손상돼 있다는 거예요. 실제로 그는 70명의 뇌 가운데 정신병 살인자의 뇌가 아닌 것을 골라내는 데 성공하여, 자신의 연구가 타당함을 입증하기도 했습니다.

그런데 그 연구 발표를 하고 난 이후, 그는 자기의 집안에도 정신병 살인자가 있음을 알게 됩니다. 그의 어머니 말에 의하면 그의 사촌 중 하나는 코넬 대학교를 설립해서 많은 존경과 찬사를 받은 반면, 다른 하나는 세계적으로 지탄을 받은 악명 높은 살인자였다는 겁니다. 어머니는 또한 그에게 집안에 내려오는 살인자 내력을 기록한 책 한 권을 전해 줍니다. 그걸 보고 직계 조상 중에 7명의 살인자가 있었다는 사실을 알게 된 팰런은, 급기야 집안 전체의 뇌를 검사해 남자들에게는 거의 다 정신병에 의해 살인을 저지를 가능성이 있다는 충격적인 사실을 알아내지요. 정신병에 의한 살인은 폭력 유전자에 의해 결정되는데, 그 유전자는 주로 남자들에게서 발견된다고 해요. 여기서 중요한 사실은 폭력 유전자가 있다고 해서 다 살인을 저지르는 것은 아니라는 겁니다. 보통은 유아기 때 잠재돼 있다가 어린 시절에 폭력으로 인한 심각한 정신적 충격을 받을 경우 세로토닌이 과다하게 분비되면서 작동된다고 하네요. 결론은 어린 시절에 폭력적인 상황에 자주 노출될수록 그 아이의 뇌에는 돌이킬 수 없는 손상이 가해지고, 그에 따라 삶도 비극으로 치닫는다는 말입니다.

이처럼 뇌는 어떤 상황에서 어떤 자극을 받는가에 따라 달라집니다. 쉽게 말해 유용하고 긍정적인 자극을 받는가, 아니면 부정적이고 폭력적인 자극을 받는가에 따라 뇌가 활성화되는 부분이 각각 다르다는 거지요. 똑같은 유전자를 가진 두 사람 가운데 한 명은 유명 대학교의 총장이 되지만, 다른 한 명은 살인자가 되어 형장의 이슬로 사라질 수 있는 이유는 이 때문입니다. 이런 사례가 비교적 오랜 시일에 걸쳐 지속적인 자극이 뇌에 가해졌을 때 일어나는 변화라면, 어느 순간 부지불식간에 뇌가 자극을 받아 엄청난 변화가 일어나는 경우도 있습니다. 이를테면 번지점프를 하고 나서 머리카락이 다 희어졌다는 사람들이 있지요. 원래는 30~40년에 걸쳐서 서서히 희어져야 하는 머리카락이, 번지점프로 인해 뇌가 자극되면서 어느 부위엔가 반짝 불이 켜진 겁니다. 또 50킬로그램이 될까 말까 한 작은 체구의 어머니가 제 아이를 구하는 순간에 어마어마하게 무거운 바위를 두 팔로 들어 올려 내동댕이칠 수 있는 것도 마찬가지예요. 뇌의 어느 부위가 순식간에 자극을 받아 오프off 상태에서 온on 상태로 변한 거라고 보면 됩니다.

머릿속에 불을 밝히고 싶다면 독서를!

그렇다면 우리는 뇌에 어떤 종류의 자극을 주어 훈련해야겠습니까? 게임과 포르노와 폭력과 알코올 같은 안 좋은 것들로 자꾸 뇌를 자극하면, 그 속에 잠재돼 있던 좋지 않은 유전자들이 작동을 하기 시작하여 점점 좌절과 불행의 방향으로 치달을 것이 분명합니다. 반면 긍정적인 사고, 밝은 웃음, 상대에 대한 배려, 좋은 책 읽기, 정리정돈 등을 매일 반복하여 뇌에 자극을 주고 훈련하면, 설혹 내게 폭력 유전자가 있더라도 작동하지 않고 그냥 묻힐 가능성이 큽니다. 물론 이렇게 좋은 변화를 만들어 내는 것이 쉽지는 않겠지요. 하지만 어느 단계를 넘어가면 쉽고 재밌어지는 것도 사실입니다. 따라서 무엇을 하든지 스스로 한계라고 여겨 온 그 단계를 넘어서는 것이 가장 중요해요.

가끔 레드스쿨 코치들에게 문자가 옵니다. 시험에 통과를 못해 남아서 공부하던 학생 중 누가 울고 있답니다. 공부가 안 돼서 화가 나서 운다는 거예요. 코치들이 보기에 그게 너무 안쓰러우니까, 이제 그만 재워도 되겠느냐고 제게 묻습니다. 그때 저는 재우지 말라고 합니다. 왜냐하면 그 학생의 뇌에 이제야 비로소 불이 켜지기 시작했다고 보기 때문이에요. 안 하던 공부를 하니 뇌가 자극을 받아 불이 켜진 거라고요. 그런데 그걸 그냥 재우면 불길이 확 치솟는 대신 그냥 꺼질 것 아니겠습니까. 뭐든 내 머리가 뜨거워지고 열 받는 그 순간을 넘겨야 합니다. 그래야 뇌가 한 차원 높게 바뀌고, 그보다 더 위로 올라설 가능성 또한 더 커집니다. 그러므로 누구든 뇌를 자극하고 훈련시키길 원하는 사람은 기존의 뇌로 돌아가려는 본인의 습관에 저항을 해야 해요. 저항력을 키워야 뇌의 이곳저곳에 불이 켜지면서 인생길이 환하게 밝아 오기 시작합니다.

그런데 뇌에 가장 빠르고 밝게 불을 켜는 방법이 있어요. 그것은 다름 아닌 책을 읽는 것입니다. 그것도 자기에게 낯설고 어려운 책을 읽을수록 불이 더 밝게 켜져요. 인간 최고의 발명품이라 할 만한 것이 말과 글인데, 말은 짐승들도 자기들 나름대로 구사하여 소통의 도구로 삼습니다. 하지만 글은 오직 인간만이 지니고 있어요. 그래서 인간은 글을 통해 최고의 감동을 얻고, 뇌에 가장 유익한 자극을 주며, 또 삶의 지혜와 기술을 배울 수 있는 것입니다.

물론 책이라고 다 같은 책이 아니지요. 개인 통신 서비스에 필요한 단말기인 휴대폰만 봐도, 종류가 다르고 성능이 다 다르지 않습니까. 스마트폰이 나오기 전에는 다수가 동시에 접속해서 소통할 수 있는 전화기가 없었어요. 또 속도도 훨씬 느리고 다운받을 수 있는 프로그램도 제한되어 있었죠. 그런데 스마트폰이 출시되면서 기존의 모든 기능이 업그레이드되고, 없던 기능이 엄청나게 많이 생기면서 훨씬 유용해졌잖아요. 책도 그와 마찬가지입니다. 한 번 보고 버리면 그만일 연예인 가십을 다룬 잡지만 읽는 뇌와, 세계 석학들이 쓴 인문학 서적과 고전을 읽는 뇌는 같을 수가 없어요. 어떤 휴대폰을 쓰는가에 따라 내가 다루고 처리할 수 있는 정보의 양과 속도와 질이 달라지듯이, 뇌도 내가 어떤 단말기를 갖고 있는가, 즉 어떤 책을 읽는가에 따라 달라질 수밖에 없는 겁니다.

의식지수 표를 고안해 낸 데이비드 호킨스는 실제로 책마다 의식이 어떻게 차이가 나는지를 밝혀냈습니다. 예를 들어 같은 성경이어도 요한복음과 요한계시록이 지닌 파동은 다르다는 거예요. 이는 사랑과 평화 등의 높은 의식을 지닌 책과, 두려움과 공포 등의 낮은 의식을 불러일으키는 책이 인간의 뇌에 미치는 영향은 현저하게 다를 수밖에 없음을 의미합니다. 그러므로 우리는 한 권의 책을 읽더라도 좋은 파동이 집결된 책을 골라 읽어야 해요. 그래야 내 뇌가 그에 연결되어 어둠이 아닌 빛의 방향으로 변화할 수 있습니다.

최고의 독서법은 선생님의 뇌에 접속하는 것

그렇다면 어떻게 해야 좋은 책을 골라 읽을 수 있느냐고, 무엇이 가장 좋은 독서법이냐고 묻는 이들이 있습니다. 실은 대부분의 사람이 그래요. 한마디로 뭐가 좋은지를 모르는 겁니다. 그런 사람들은 일단 선생님을 만나야 해요. 그것이 가장 중요합니다.

내게 깨달음을 주고 삶의 지혜와 기술을 전수해 주는 선생님을 만나면, 그다음부턴 쉽습니다. 먼저 선생님이 쓴 책을 읽으면 됩니다. 그래야 선생님이 사용하는 용어를 이해하고, 그 용어에 담긴 의미를 제대로 간파할 수 있어요. 다시 말해 내 뇌가 그분이 전해 주고자 하는 것들을 받을 수 있는 뇌로 바뀌기 시작하는 겁니다. 그런 다음엔 선생님이 읽고 추천해 주는 책들을 읽으세요. 그러면 선생님 뇌에 더 깊이 접속하여, 그 안에 쌓인 지식과 정보를 내 것으로 편집하고 소화할 수 있게 됩니다.

제 옆에서 공부하는 도반들도 가장 먼저 제가 쓴 책들을 읽고 또 제가 소개하는 책들을 읽습니다. 한 번 읽고 끝내는 게 아니라 외울 때까지 반복해서 읽어요. 그러면 그동안 듣고 읽었던 모든 것이 자기 안에서 통합되는 순간이 옵니다. 그때부터는 누가 무슨 말을 아무리 어렵게 해도 이해가 되고 해석이 돼요. 20년간 집에서 주부로만 생활하다가 다시 대학원 들어간

한 권의 책을 읽더라도 좋은 파동이
집결된 책을 골라 읽어야 해요.
그래야 내 뇌가 그에 연결되어 어둠이 아닌
빛의 방향으로 변화할 수 있습니다.

사람이 그러는데, 교수들이 말하는 게 다 들린대요. 개념 정리가 확실히 되어 있어서 그런 겁니다. 뭐가 들어오든 내 머릿속 책꽂이에 질서정연하게 꽂히는 거예요. 이렇게 지식을 쌓고 지력을 키우다 보면, 자기도 모르는 사이에 파장이 바뀝니다. 파장이 바뀌면 만나는 사람도 바뀌게 되고요. 그렇게 해서 마침내 내 운명이 변화하게 되는 것이지요.

만약 선생님을 아직 만나지 못했다면, 인류 최고의 문화유산이라 할 수 있는 고전을 먼저 읽으세요. 그리고 인문학과 교양에 관련된 책들도 두루두루 읽으세요. 그다음에 자기계발서를 읽으면 확실히 다릅니다. 본질을 꿰뚫을 수 있어요. 물론 지금 당장 내게 필요한 것이 실용적인 책이라면 그것부터 시작하는 것도 나쁘진 않습니다. 무엇이든 읽기 시작하는 것, 손에서 책을 놓지 않는 것이 중요하니까요. 하다못해 자격증 따고 취직시험 치르기 위해 필요한 책이라도 꾸준히 읽으라는 말입니다.

함께 책을 읽고 나눌 수 있는 도반들을 만나 정기적인 모임을 갖는 것도 책 읽는 습관을 들이는 데 매우 좋은 방법입니다. 제가 살림마을에 평생학습공동체인 '아뜰리에'를 발원하여 전국적으로 책 읽는 모임을 만든 것도 그런 이유에서였습니다. 어느 지역에 아틀리에가 만들어지면, 첫해에는 제가 꼭 읽어야 할 책의 목록을 작성해서 드립니다. 삶을 구성하는 기초는 인간, 공간, 시간이지요. 그러니 내가 살아가고 있는 곳의 지리와 자연과 천문을 알아야 해요. 또 역사를 알고 인문과 사회도 알아야 합니다. 그 학문들을 이해하는 것이 결국은 나를 이해하는 것이기에, 이렇게 쌓은 지력은 평생 갑니다.

아이들 교육에 미래가 달렸다

지력에 관한 강의를 마무리하기에 앞서 아이들 교육에 관해 잠깐 언급하려 합니다. 요즘은 아주 어린아이들에게 스마트폰이나 컴퓨터로 동영상을 보여 주며 학습을 시키는 경우가 많은데, 최소한 초등학교 저학년 때까지는 글자를 통해 지식과 정보를 습득하는 기본 능력을 뇌에 각인시켜야 한다는 연구 결과가 나와 있습니다. 그 시기에 문자를 통한 교육에 집중해야 8~9살 즈음에 아이의 머릿속에 책꽂이가 형성된다고 해요. 그게 잘 형성되어야 나중에 어떤 지식과 정보가 들어와도 질서정연하게 제자리에 꽂힌다는 거예요.

반면 어릴 때 문자와 친해질 기회를 놓치면, 훗날 아이가 자라도 고급 지식을 받아들이고 이해하기가 어려워진답니다. 이미 뇌가 저급해져서 아무리 좋은 게 머릿속에 들어와도 정리가 안 되고 그냥 흩어진다는 거지요.

그럼에도 무지한 부모들이 어린아이에게 스마트폰을 쥐어주고 게임을 해도 내버려 둡니다. 또 과자와 인스턴트 식품을 먹여요. 요즘 많은 아이들에게서 집중력과 주의력 결핍 증세가 나타나는 이유는 바로 이 때문입니다. 뇌의 어느 부분은 켜지고 어느 부분은 켜지지 말아야 하는데, 그것이 반대로 되어서 그렇습니다. 그래서 한 시간을 못 앉아 있고, 책 읽기를 지루해하고, 또 사람과 대화할 때 눈을 마주보지 못하고 아무 데서나 욕을 하는 거예요.

더군다나 아이가 그렇게 변해 가기 시작하면, 부모는 그것이 자기의 무관심과 무지에서 비롯된 것인 줄 자각하지 못하고 무조건 아이를 탓하죠. 너는 할 줄 아는 게 뭐니, 그렇게 공부를 안 해서 뭐가 될래, 어떻게 나한테서 너 같은 자식이 태어났는지 모르겠다는 식의 말을 해 가며 아이의 자존감을 짓밟고 수치심을 안깁니다. 상황이 이쯤 되면 아이는 공부를, 그리고 삶을 스스로 포기해요. 가뜩이나 뇌도 안 돌아가는데 자아상마저

바닥을 치니, 일어설 엄두를 못 내는 겁니다.

공교육 분야의 선진국인 핀란드, 노르웨이, 스웨덴 등의 국가에서는 어린아이가 게임을 하도록 허락하는 것을 아예 법으로 금지하고 있습니다. 그 대신 아이들에게 활자, 곧 글을 접하게 하지요. 가정에서는 물론 심지어 동네마다 할머니들이 돌아가며 아이들에게 동화책을 읽어 줍니다. 일찍부터 아이들에게 책 읽는 교육을 시킴으로써 국가 차원에서 미래를 준비하는 것이지요.

집안의 미래는 자식에게 달려 있고, 나라의 미래는 후대에 달려 있다고들 합니다. 맞습니다. 지금 내가 아무리 돈이 많고 명예를 누리며 산다 해도, 자식이 망가지면 그것들을 물려줄 수 없어요. 우리나라가 이제 막 선진국 대열에 끼었다 해도 아이들 교육을 방치하면 몰락하는 건 순식간이죠. 회사도 마찬가지입니다. 회장이 제아무리 똑똑하고 잘나도 직원을 잘못 뽑으면 흔들리기 십상입니다. 그러니 여러분부터 나서서 스마트폰과 게임과 텔레비전과 과자와 인스턴트 식품으로부터 아이들을 보호하세요. 그것만이 아이들의 지력과 심력과 체력을 고루 발전시켜 우리 집안을, 나아가 우리나라를 무가탈하게 만드는 지름길임을 명심해야 합니다.

지식사회에서 평생 승자로 살기

여러분, 현대사회는 농경사회나 산업사회가 아닌 지식사회예요. 따라서 내가 이 사회와 관계하고 이 사회에서 일을 하려면 지식이 있어야 해요. 체력과 심력이 뒷받침된 상태에서 지력을 강화해야 일을 잘하고 관계도 잘 만들 수 있는 겁니다. 또 그래야만 무지와 가난과 허약에서 탈출하여 아름답고 풍성한 삶을 누림으로써 내 인생을 예술로 승화시킬 수 있습니다. 그런데 그 핵심요소인 지력이 어디서 비롯된다고요? 바로 책입니다. 지력은 오직 책을 통해서만 키울 수 있어요. 그러므로 여러분은 하루에 한 쪽이라도 책을 읽어야 해요. 그것이 평생 쌓이면 그만큼 내 지력이 강화됩니다.

지식사회에서는 누구도 책을 가까이 하고 배우는 사람을 이길 수 없어요. 이 세상에 왔는데 기왕이면 이기는 삶을 살아야지요. 아니, 우리는 모두 이기기 위해서 이 세상에 온 것입니다. 그것이 우리를 보내신 하늘의 뜻이고 내가 나 되는 길입니다. 그러니 오늘부터 책 읽기를 시작하세요. 그러면 오늘을 내가 승자로 살 수 있고, 그것이 평생을 이기며 사는 첫 걸음이 될 것입니다.

이것으로 강의를 모두 마칩니다. 고맙습니다.

일도 삶도 사랑도
라보레무스!
Laboremus

첫 강의를 하러 서울로 올라오던 때, 차창 너머 보이던 가을 풍경을 기억합니다. 그때만 해도 마냥 수줍은 얼굴로 저 멀리서 한 걸음씩 다가오고 있었는데, 이제는 초록이 지쳐 단풍이 들다 못해, 그 단풍마저 지쳐 화려한 색을 다 잃고 땅으로 돌아가고 있네요. 그러고 보니 벌써 두 달이 흘렀습니다. 일주일에 한 번씩 뜨거운 가슴으로 만나 삶을 나누고 일에 대해 이야기해 온 강의도 이제 막을 내릴 때가 된 것입니다.

강의를 진행해 온 지난 두 달 동안 단 하루도 제 가슴이 뛰지 않고 설레지 않은 날이 없었습니다. 마치 연애를 하는 것 같았지요. 한 마디도 놓치지 않고 열정적으로 흡수하려는 여러분의 열린 마음과, 시간이 갈수록 점점 더 깊어지고 맑아지는 여러분의 눈빛이 저를 그처럼 사랑에 빠지게 했다고 할까요. 더군다나 변화와 성장을 두려워하지 않고 거침없이 길을 찾아 나아가는 여러분의 모습이 제게 많은 감동을 주었습니다.

이번 강의를 통해 우리가 초점을 맞춘 주제는 '일'입니다. 전반부에는 일이 왜 중요하고 사람은 왜 일을 할 수밖에 없는가를 이론적으로 검토했다면, 후반부에는 실천 편으로 들어가 어떻게 하면 일을 잘할 수 있는가를 집중적으로 다루었지요. 그를 통해 얻은 결론은, 일 속에 내가 가야 할 길이 있고 깨달아야 할 진리가 있고 살아야 할 생명이 있으니 일을 통하지 않고서는 내가 나 될 수 없다는 것입니다. 다시 말하면 내 소질과 재능을 발견해 그것을 일로 실현하고 지력과 심력과 체력을 키워서 일을 잘하는 것이, 결국 우리가 이 지구에 온 목적이고 최고의 삶을 누리는 길이라는 것입니다.

여러분, 다들 이렇게 살고 싶지요? 이 세상에 내가 좋아하는 일 하면서 원하는 삶을 누리고 싶지 않은 사람이 어디 있겠습니까? 다행히 우주는 그렇게 살 수 있는 기회를 우리 모두에게 주었습니다. 우리는 전부 이 세상에 올 때 하늘로부터 자기만의 소질과 재능을 한 가지씩은 받아왔어요. 그러니 눈과 귀를 활짝 열고 온몸과 마음을 다해 내 안의 보물을 발견하기만 하면 됩니다. 더군다나 우리는 본래 무한한 영靈의 존재여서, 하지 못할 게 없고 이루지 못할 게 없습니다. 그러므로 그 참나의 기억을 되찾으면 되는 겁니다. 언제든 그 참

나와 접속하기만 하면 아무리 어렵고 힘든 장애를 만난다 한들 그것을 넘어서 이기는 사람이 될 수 있습니다.

이 참나를 기억하기 위해, 하루에 30분은 모든 것을 내려놓고 고요히 자기 안으로 들어가는 시간을 가지십시오. 텅 비어 있어서 내가 자유자재로 채워 넣을 수 있는 그 존재와 소통하고 교류하라는 말입니다. 또한 어려운 일이 닥칠 때마다 습관적으로 반응하는 대신, 참나와 접속함으로써 내게는 가장 좋은 것을 선택할 능력이 있음을 알아차리십시오. 그러면 여러분은 언제 어디서든 무한한 힘과 가능성으로 충만한 자기 자신으로 살아갈 수 있을 것입니다. 나아가 무엇에든 두려움 없이 '예스'로 화답하며 전심전력을 다하는 가운데, 잃어버린 디자이어와 접촉하여 진정한 자신의 일과 삶을 찾게 될 것입니다.

무지와 가난과 허약에서 벗어나는 무가탈의 삶이란 이런 것입니다. 또한 이것이야말로 내가 이 세상에 온 목적을 이루며 사는 삶이고, 내가 나 되어 가는 삶입니다. 여러분 모두는 이런 삶을 누리기 위해 이 세상에 보내진 천사들입니다. 그러니 주저하지 말고 나아가세요. 내 앞에 뭐가 있든 넘고 또 넘으면서 가 보는 겁니다.

라보레무스, 이 말을 꼭 가슴 깊이 새기십시오. 삶의 핵심은 패스오버passover와 바라밀다波羅蜜多, 유월절, Pass Over, 아리랑고개를 넘어가는 데 있습니다. 넘어간다는 것은 계속한다는 거지요. 계속해서 뭔가가 되어간다는 것입니다. 아기로 태어나 청소년이 되고 청년이 되고 어른이 되고 부모가 되듯이, 또 대리에서 과장이 되고 과장에서

부장과 사장이 되듯이, 내가 되기 위해서는 수많은 과정을 넘고 넘어 계속해서 가야 한다는 뜻이 이 다섯 글자에 담겨 있습니다.

강의는 비록 끝나지만 삶은 계속됩니다. 디자이어를 찾아 일로 실현해 가는 여러분의 여정도 계속되겠지요. 끝없는 그 길 위에 함께 서 있는 여러분이 있기에, 제 가슴도 계속해서 사랑으로 뛰고 설렐 것입니다. 라보레무스.

깨달음으로 읽는 장자

308쪽 | 15,000원

《장자》를 읽고 공부하는 것이 장자를 신봉하기 위해서는 아니다. 그러므로 장자의 가르침에 깊이 감동했다고 해서 장자처럼 살 필요는 없다. 오히려 우리가 할 일은 그가 경험한 세계를 만나고 그가 본 빛을 내 삶에 끌어들이는 것이다. 결국 우리는 각자 자신의 삶을 살아야 하기 때문이다. 이 책은 '장자'를 통해 자신의 소질과 재능이 무엇인지 깨닫도록 이끈다.

깨달음으로 읽는 반야심경

216쪽 | 13,000원

반야심경은 '반야'라는 가장 큰 지혜를 찾고 만물의 이치를 깨우치게 해 주는 불교 경전이다. 270자인 이 정수에서 말하고자 한 가장 큰 지혜란 무엇일까? 그것은 바로 나를 아는 것, 즉 나의 실상을 아는 것이다. 이 책에서 저자는 일상적인 생각과 감정으로는 깨달을 수 없는 만물의 실상을 거울처럼 비추어 참나를 꿰뚫어 볼 수 있는 지혜를 선사한다.

몸과 마음을 정돈하는 명상의 기술

196쪽 | 12,000원

눈은 나의 밖을 보게 해 준다. 그런데 세상은 밖에만 있는 것이 아니다. 내 안에는 바깥보다 더 크고 놀랍고 깊은 세계가 있다. 바깥세상만 보는 눈만 있는 줄 알지만 인간 내면을 볼 수 있는 눈도 있다는 것이다. 바깥을 보는 눈을 감고, 들숨과 날숨이 일어나며 만드는 나타남과 사라짐의 현상을 보면 자기 내면 세상을 볼 수 있다.

가족은 선물입니다

320쪽 | 13,800원

삶과 이야기가 그렇게 많고 다양해도 일관되게 흐르는 중심축이 하나 있다. 그것은 바로 가족이다. 내가 하는 생각과 행동들은 이미 가족과 연결되어 있다. 내가 사는 것이 아니라 가족이 살고 있다고 해도 지나치지 않은 셈이다. 그러므로 우리는 가족을 알아야 한다. 가족을 제대로 알아야 나를 바로 알게 되고 그래야 진정한 나로 살게 된다.

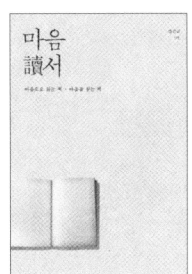

마음讀서
360쪽 | 15,000원

책을 읽는 까닭은 지식을 쌓고 정보를 얻기 위함도 있지만, 근원적으로는 마음이 고프기 때문이다. 육신이 아닌 지성의 배가 고플 때도 심한 허기에 시달린다. 이 책은 저자가 '영혼의 서재를 거닐다'라는 주제로 150권의 책을 가려 뽑아 강연한 것을 정리해 엮은 것이다. 자신의 마음을 들여다보는 것이야말로 모든 성찰의 출발이자 자신을 변화시키는 첫걸음이다.

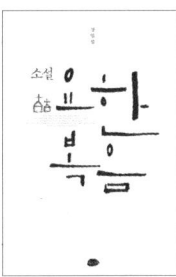

소설 요한복음
320쪽 | 13,800원

이 책은 신약성서의 복음서 중 한 권인 〈요한복음〉을 역사 속 인물 기록이 아닌 소설의 형식으로 재탄생시킨 작품이다. 화자인 요한이 예수 그리스도의 제자로 살기 시작하면서 함께 겪고 깨달은 것들을 철저히 1인칭 관찰자의 시점에서 묘사하고 있다. 요한복음 속의 예수는 '있는 그대로의 나' '지금 여기 있는 나'를 끊임없이 반복하며 스스로를 사랑하고 존중하는 것이 무엇보다 기본임을 역설한다.

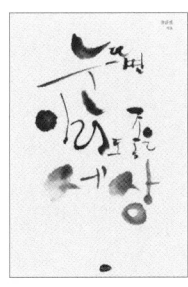

눈뜨면 이리도 좋은 세상
320쪽 | 12,000원

살면서 무언가에 부딪치는 까닭은 자기 눈이 멀어서이다. 살아도 사는 게 아닌, 죽음보다 더 깊고 어두운 그 상태에서 깨어나기 위해서는 눈을 떠야 한다. 눈을 뜬다는 것은 내가 누구인지 아는 것, 내가 무엇을 하고 싶은지 아는 것, 마침내는 참사람으로 살아가는 것이다. 이 책은 자신의 자궁을 통해 다시 태어나는 방법과 원리를 일러준다.

삶으로 깨어나기
248쪽 | 13,000원

'하나님 안에 살고, 움직이며, 존재하고 있다'는 것을 어떻게 사람들에게 생각이 아닌 사실로, 이론이 아닌 체험으로 경험하게 할 수 있을까. 저자는 소명에 답하기 위해 수련 프로그램을 만들고 기독교인들은 물론, 여러 다른 종교를 가진 다양한 사람들과 함께 먹고, 자고, 청소하고, 성경도 읽으면서 내적 치유를 위한 수련을 함께했다. 이 책은 이 수련 중에 안내했던 테마들을 기록해 정리한 책이다.

라보레무스

1판 1쇄 인쇄 | 2014년 7월 20일
1판 1쇄 발행 | 2014년 8월 05일

지은이   장길섭
펴낸곳   도서출판 나마스테
펴낸이   전형배
총괄경영(CEO) 구본수

출판등록   제9-281호(1993년11월17일)

주소   서울시 마포구 토정로 222(신수동 448-6)
              한국출판 협동조합 A동208-2호
전화   02-333-5678, 322-3333
팩스   02-707-0903
E-mail   chpco@chol.com

ISBN 978-89-7919-581-1
ⓒchanghae, 2014, printed in Korea